Johann Caspar Bluntschli

Altasiatische Gottes- und Weltideen in ihren Wirkungen auf das Gemeinleben der Menschen

Fünf öffentliche Vorträge

Johann Caspar Bluntschli

Altasiatische Gottes- und Weltideen in ihren Wirkungen auf das Gemeinleben der Menschen
Fünf öffentliche Vorträge

ISBN/EAN: 9783743333222

Hergestellt in Europa, USA, Kanada, Australien, Japan

Cover: Foto ©Lupo / pixelio.de

Manufactured and distributed by brebook publishing software
(www.brebook.com)

Johann Caspar Bluntschli

Altasiatische Gottes- und Weltideen in ihren Wirkungen auf das

Gemeinleben der Menschen

Alt-Asiatische

Gottes- und Weltideen

in

ihren Wirkungen auf das Gemeinleben der Menschen,

dargestellt

von

J. C. Bluntschli.

———

Fünf öffentliche Vorträge.

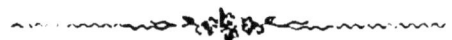

Nördlingen.

Druck und Verlag der C. H. Beck'schen Buchhandlung.

1866.

Vorwort.

Diese Vorträge sind vorerst während des Winters 1864/65 in dem Museum zu Carlsruhe in freier Rede gehalten und nachher für den Druck ausgearbeitet worden.

Das lebhaft empfundene Bedürfniß, sich selber über die alt-asiatischen Gottes- und Staatsideen und über deren Wirkungen klar zu werden, hat den Verfasser schon früh-zeitig getrieben, die heiligen Schriften Asiens öfter zu lesen. Er bediente sich zu diesem Zweck vorzüglich der bekannten Sammlung von Pauthier: Les livres sacrés de l'Orient. Außerdem suchte und fand er in den Werken von Lassen, Colebrooke, Benfey, Burnouf, Westergaard, Weber, Was-siljew, Köppen, Ewald, Schott, Duncker, Laurent und andern weitere Aufschlüsse. Das Ergebniß seiner Studien ist in obigen Vorträgen, wie er hofft, in einer den Gebil-deten überhaupt verständlichen Form dargestellt.

Die Ideen, welche vor Jahrtausenden die Völker bewegt haben, sind nicht geeignet, die Gegenwart zu leiten.

Aber auch der moderne Geist kann sich erfrischen, bereichern und besser zu recht finden, wenn er sich der Arbeiten erinnert, welche derselbe Menschengeist in seiner Kindheits= periode unternommen hat, um sich Gottes und der Welt bewußt zu werden.

Heidelberg, 15. Sept. 1865.

Bluntschli.

I.
Die fortwirkenden Gründe des Gemeinlebens.

Naturwissenschaft und Geisteswissenschaft. Ursache und Wirkung. Anlage und Entwicklung. Psychologie und Geschichte. Die kosmische Natur und der Mensch. Gott und das Schicksal. Naturwirkung. Klima. Bodengestalt. Religiöses Asien. Politisches Europa. Frucht=barkeit des Bodens. Menschenraffen. Arier und Semiten, Verwandt=schaft und Unterschiede. Ideen und Institutionen. Wirksamkeit der Ideen.

Das Gesammtleben der Völker in seiner Ordnung und in seiner Entwicklung zu erkennen, ist die große Aufgabe der Staatswissenschaft. Um diese Aufgabe gründlich zu lösen, genügt es nicht, die thatsächliche Erscheinung der Staaten in ihren ruhenden Verhältnissen richtig zu zeichnen und ihre ge= schichtliche Wandlung zu erforschen und darzustellen. Der politischen Betrachtung insbesondere drängt sich überall die Frage auf: Aus welchen Gründen sind die gewordenen Zu= stände zu erklären? Welche Ursachen wirken bestimmend auf das menschliche Gesammtleben? Sie muß daher, was der Erscheinung als Ursache zu Grunde liegt, und was sich in ihr als Wirkung offenbart, ebenso unterscheiden und den innern

1

Zusammenhang zwischen jener und dieser aufzeigen, wie es die Naturwissenschaft thut, wenn sie die Gesetze der äußern Natur aufsucht.

Aber indem die politische Wissenschaft sich dieser Arbeit unterzieht, wird sie bald gewahr, daß die Untersuchung nicht so glatt und sicher vorwärts schreiten kann, wie es die heutige Naturwissenschaft mit raschem und großem Erfolge zu thun pflegt.

Der Naturwissenschaft erscheint die Wirkung immer mit Nothwendigkeit gegeben, wenn die Ursache gegeben ist und überdem findet sie in der äußern Natur ein derartiges Gleichgewicht der Kräfte, daß jede Ursache allezeit zu voller Wirkung gelangt und demgemäß die Wirkung der Ursache gleich kommt. Das physicalische Gesetz der Schwere z. B. wirkt ausnahmslos überall mit derselben Nothwendigkeit und in gleicher Stärke, das chemische Gesetz der Verwandtschaft bewährt immer dieselbe Anziehungskraft der verwandten und dieselbe Abstoßung der fremden Körpertheile; die mathematischen Größen lassen sich allezeit in derselben Weise bemessen und nach denselben Regeln und Formeln bestimmen.

So stätig und ausnahmslos scheinen diese Erfahrungen, daß die Vertreter der Naturwissenschaft geneigt sind, die Gleichheit von Ursache und Wirkung als ein logisches Grundgesetz zu betrachten und manche Philosophen haben ihnen zugestimmt.

Indessen macht die Staatswissenschaft und es machen überhaupt die sogenannten Geisteswissenschaften, zu denen jene gehört, d. h. die Wissenschaften, welche die Art und Aeußerung des geistigen Lebens erforschen, andere Erfahrungen und gelangen zu andern Schlüssen.

Auch den Geisteswissenschaften ist es klar und sie er=
kennen es als ein logisches Grundgesetz an: Keine Wir=
kung ohne Ursache, wie keine Folge ohne Grund.
Auch ihnen erscheint ausnahmslos die Ursache als die noth=
wendige Voraussetzung der Wirkung. Insoweit stimmen
alle ihre Erfahrungen überein mit dem Selbstbewußtsein
des denkenden Menschengeistes, von dem alle Wissen=
schaft ausgeht und zu dem alle Wissenschaft zurückführt.

Aber sie werden zugleich gewahr, daß die ruhende Kraft,
welche wir je nach Umständen Ursache oder Grund nennen,
sich nicht immer in der entsprechenden Wirkung oder Folge
wirklich darstellt, obwohl sie es vermöchte. Ueberall, wo das
Menschenleben zum Gegenstand der Betrachtung wird, da fin=
det die Wissenschaft neben der Naturnothwendigkeit auch die
Spuren der menschlichen Freiheit, welcher jener zuweilen
hemmend entgegentritt oder von den geraden Bahnen ihrer
Wirkungen ablenkt, und dieselben gleichsam umbiegt. Auch
die menschliche Freiheit hat ihre nothwendige ursachliche Vor=
aussetzung, aber es erscheint dem menschlichen Selbstbewußtsein
nicht minder gewiß, daß es bis auf einen gewissen Grad von
der freien Selbstbestimmung des Menschen abhänge, ob er
und in welchem Maße er die in ihm liegenden Kräfte schla=
fen und ruhen lassen oder bewegen und anspannen wolle,
als es demselben klar ist, daß die Gesetze der Logik nicht von
der Willkür abhängen.

Soweit die Freiheit mitwirkt, erscheint daher wohl die
Ursache als nothwendig, aber nicht die Wirkung. Statt gleich
der Naturwissenschaft allezeit nothwendige Wirkungen zu fin=
den, wird die Geisteswissenschaft nur der möglichen Wir=

kungen gewahr. Fast alle unsere Rechtsbegriffe und Rechts=
gesetze haben daher diesen Charakter; sie bestimmen die noth=
wendige Voraussetzung des Möglichen. Das Eigenthum z. B.
ist das nothwendige Grundverhältniß der herrschenden Person
zu der dienenden Sache, aber schon die genaue Formulirung
dieses Begriffs bei den verschiedenen Völkern ist nicht ohne
Zuthun der freien Wahl zu Stande gekommen und die An=
wendung des Eigenthums im Leben ist größtentheils willkürlich.
Nur die Möglichkeit nicht die Wirklichkeit der Beherrschung
ist darin ausgesprochen.

Daneben überzeugt sich die politische Wissenschaft, daß
sehr oft die ursächlichen Kräfte im Menschenleben nur zu
theilweiser Verwirklichung gelangen, daß also kein Gleich=
gewicht zwischen Ursache und Wirkung bestehe, sondern jene
von größerem Umfang wie diese sei.

Man braucht nur den Gegensatz von

Ursache und Wirkung

unter der verwandten auf das Leben bezüglichen Form der

Anlage und Entwicklung

zu betrachten, so wird dieser Gegensatz zu den Wahrnehmungen
der Naturwissenschaft sofort deutlich. Weder die menschlichen
Individuen noch die Nationen enthüllen und erschöpfen ganz
den Reichthum ihrer natürlichen Anlagen. Unzählige ruhende
Kräfte des Geistes und des Gemüthes und selbst der körper=
lichen Organe, welche die Möglichkeit der Wirkung in sich
schließen, gelangen nicht zu voller und nicht zu höchster Ent=
faltung und Wirkung, und das nicht, weil irgend eine Natur=
nothwendigkeit das verhindert, sondern weil die menschliche
Freiheit unter mancherlei möglichen Wirkungen die Wahl trifft,

und die einen Kräfte ruhen läßt, die andern anspannt. Nicht die Gleichheit von Ursache und Wirkung also ist das Gesetz des menschlichen Lebens, sondern das Uebergewicht der Anlage über die Entwicklung.

In gewissem Sinne freilich ist die eigenschaftliche That höher als die unterlägliche Kraft, aus der sie entspringt, insofern nämlich als jene ans Licht bringt und offenbar macht, was in dieser verborgen und dunkel war. Aber niemals kann die That mehr entfalten und darstellen, als was zuvor in der ursächlichen Anlage schon als ruhende Kraft enthalten war. Der Schluß aus einer großen That auf eine mindestens ebenso große Kraft, welche sie hervorgebracht, ist daher gerechtfertigt, aber keineswegs der Schluß, daß das Maß der Erscheinung jederzeit dem Maße der Kraft gleich sei, welche der Erscheinung zu Grunde liegt.

Ein anderer Unterschied zwischen der Staatswissenschaft und der Naturwissenschaft liegt in der Verschiedenheit der Prüfungs= und Erkenntnißmittel. Zwar entbehrt auch jene nicht völlig der sogenannten exacten Erkenntnißmittel, welche für diese so nützlich und verlässig sind. Die neuere Statistik hat gezeigt, wie förderlich und fruchtbar auch ein sorgfältiges Zählen und Wägen für eine richtige Erkenntniß der menschlichen Zustände und Verhältnisse ist. Viele überlieferte Vorurtheile und Irrthümer sind den unwiderstehlichen Angriffen erlegen, zu welchen die genaue Feststellung und die überzeugende Vergleichung bestimmter Durchschnittszahlen die Waffen geliefert haben, und manche fruchtbare Wahrheiten haben durch solche „exacte" Belege eine sichere Begründung gewonnen. Aber wenn die wirksamen Geisteskräfte in Frage sind, so helfen diese sinnlichen Wahrnehmungsmittel nur wenig. Es gibt kein äußeres Instrument, mit welchem wir die Geisteskräfte genau messen, keinen Thermometer, an dem wir den Grad der Charakterenergie ablesen können. Alle jene äußerlichen Maßstäbe lassen uns hier im Stich, und wir sind genöthigt, den psychologischen Weg ohne solche Beihülfe zu begehn, um in die innere Natur des Menschengeistes einzubringen und da die Erklärung der menschlichen Thaten aufzusuchen. Wir müssen daher an dem Selbstbewußtsein des Menschengeistes anknüpfen, obwohl wir aus der Erfahrung wissen, wie leicht das Selbstbewußtsein in die Selbsttäuschung umschlägt und durch diese irre geführt wird. Wie oft wird dieselbe Handlung sogar Eines Menschen von unbefangenen und urtheilsfähigen Beobachtern aus ganz verschiedenen Beweggründen seiner Seele erklärt und wer weiß nicht, daß überdem verschiedene Menschen aus völlig verschiedenen Motiven an derselben That sich betheiligen. Wenn ein großes gemeinsames Menschenwerk zu Stande kommen soll, so wirken ganz gewöhnlich der Muth der einen und die Furcht der andern, warme Begeisterung und kalte Berechnung, Opferfreudigkeit und Eigennutz, Stolz und Demuth, fromme Hingebung und eitle Prunksucht zusammen. Wer kann das im Einzelnen sicher erlesen und ausscheiden? Wir werden uns daher in der Bestimmung der seelischen Ursachen sehr oft mit der Wahrscheinlichkeit begnügen müssen, weil die Gewißheit sich uns verbirgt.

Wird die psychologische Ergründung von der geschichtlichen Erfahrung bestätigt, dann nähert sich die Wahrscheinlichkeit der Gewißheit an, so weit diese überhaupt dem Menschen beschieden ist; denn nun erscheint dasselbe Ziel von zwei

verschiedenen Wegen aus in derselben Gestalt, und die Untersuchung, welche bald in dem eigenen Selbstbewußtsein sich
zurecht findet, bald durch die Erfahrung der Menschheit ihren
kritischen Blick schärft und vor Trugschlüssen gewarnt wird,
und so die psychologische mit der historischen Arbeit verbindet, schreitet sicherer dem Ziele zu.

Sind demnach die Probleme der Geisteswissenschaft schwie-
riger zu lösen und ist der Erfolg ihrer Anstrengung weniger
sicher, so gewährt sie doch in einer wichtigen Beziehung dem
wissenschaftlichen Streben hinwieder eine größere Befriedigung
als die exacte Wissenschaft zu bieten vermag. Voller nämlich
und tiefer begreift der Mensch den Menschen, d. h. sich selbst als
die ihm fremde Natur. Daher beruhigt sich die Geisteswissenschaft
nicht, wie die Naturwissenschaft es gewöhnlich thut, mit dem
Nachweise der äußern Folge von Ursache und Wirkung, sondern fordert die innere Erklärung dieses Zusammenhanges,
d. h. sie will die Verbindungsfäden, welche die bewegenden
Ursachen in die äußere Erscheinung hinüber leiten, aufgedeckt
sehen und verfolgt dieselben bis in ihren Ursprung in dem
Selbstbewußtsein und bis zu ihrer Anknüpfung an die menschliche Nothwendigkeit oder die menschliche Freiheit. Es genügt
ihr z. B. nicht der geschichtliche Erfahrungssatz, daß die theokratische Staatsverfassung ungünstig wirkt auf die Ausbreitung
des menschlichen Wissens, oder daß die liberale Partei voraus
die individuellen Talente, die conservative eher die überlieferte
Sitte beachte, sie verlangt Aufschluß darüber, aus welchen
Eigenschaften der Menschennatur sich dieser Zusammenhang
erkläre, und es gelingt ihr nicht selten, das nachzuweisen.

Forschen wir in solchem Sinne nach den regelmäßig und

dauernd wirkenden Ursachen, oder kürzer ausgedrückt nach den
fortwirkenden Gründen des menschlichen Gemeinlebens,
so lassen sich dieselben auf zwei Classen zurückführen. Die
einen sind in der kosmischen Natur zu finden, welche den
Menschen umschließt und von außen her auf ihn einwirkt, die
andern haben ihren Ursprung in den Menschen selbst. Dort
offenbart sich´ die Macht der äußern Natur mit einer zwingen=
den Nothwendigkeit, welcher der Mensch nur mit Mühe und
nur in beschränktem Maße Widerstand zu leisten und einzelne
Zugeständnisse abzuringen vermag. Hier zeigt sich die mensch=
liche Anlage in ihrer geschichtlichen Entwicklung, und es ver=
bindet sich mit der menschlichen Nothwendigkeit die menschliche
Freiheit in den Werken, welche der Mensch schafft und ausbildet.

Werden aber mit diesen zwei Classen alle fortwirken=
den Gründe des Menschenlebens wirklich erschöpft? Wird
nicht dabei das Wichtigste und Entscheidendste übersehn? Wo
bleibt hier die Macht des Schicksals, welches die Völker prüft
und richtet, die Macht Gottes, der die Weltgeschichte leitet?
In der That haben in allen Zeitaltern der Weltgeschichte die
Völker an diese Macht geglaubt und durch Gebete die gött=
liche Gunst zu erflehen, durch mancherlei Opfer und Reinigung
die Ungunst des Schicksals zu versöhnen gesucht. Nicht die
Völker allein, auch ihre Helden, ihre Weisen, ihre Staats=
männer haben von jeher sich vor dieser höheren Geistesmacht
gebeugt und im Gedanken an ihr Walten Ermuthigung in
der Gefahr, innere Befriedigung und Trost im Unglück ge=
funden. Wie der einzelne Mensch in seinem Leben zuweilen
auf eine wunderbare Verflechtung des Geschicks stößt, welches
ihm bald mit unerwartetem Wohlwollen zu Hülfe kommt,

balb mit ernster Prüfung oder strafender Zucht entgegentritt,
so erfahren auch die Völker in ihrer Geschichte seltsame und über-
raschende Fügungen des Schicksals, zu deren Erklärung weder
die zwingende Folge der Naturnothwendigkeit noch die menschliche Um- und Vorsicht ausreichen, in denen dem frommen
Sinn gleichsam der Finger Gottes sichtbar erscheint.

Mögen Andere diesen Glauben als kindisch belächeln
und sich für klüger halten, indem sie durch die unbewußte
und blinde Kraft der Materie die göttliche Weisheit ver-
drängen und ersetzen, oder mögen wieder Andere denselben
hochmüthig verachten, weil ihnen der eitle Wahn zu Kopfe
gestiegen ist, daß Gott erst in dem Menschen und durch
den Menschen zu seinem Selbstbewußtsein gelange und zu
seiner Freiheit komme. Die gründliche unbefangene Natur-
betrachtung weiß, daß die Naturgesetze, welche in der Materie
wirken, nicht geistlos sind und daß die Ordnung der Natur
voll unendlicher Weisheit ist; und der gesunde Menschen-
verstand wird sich niemals bereden lassen, daß der selbstbewußte Menschengeist und die begrenzte menschliche Freiheit denkbar seien ohne die Voraussetzung des selbstbewußten
Gottesgeistes und der göttlichen Freiheit, von der allein
der Mensch seine reiche Begabung ableiten und empfangen
konnte.

Dessen ungeachtet thut die Staatswissenschaft wohl
daran, bei ihrer Prüfung der fortwirkenden Gründe des
Gemeinlebens wenigstens vorläufig von der Erforschung des
Schicksals abzusehen und sich auf den Nachweis jener andern
in der äußern Natur und in dem Menschen wirksamen
Ursachen zu beschränken. Die göttliche Weltleitung nämlich

macht sich, insofern sie eine regelmäßige und mit Sicher=
heit bestimmbare Wirksamkeit äußert, hauptsächlich in den
allgemeinen Naturgesetzen und in der Anlage der Menschen=
natur geltend und wird daher eben durch die Erforschung
dieser ursächlichen Kräfte mitbestimmt. Wenn sie sich aber
außerdem noch in freier Schicksalsfügung äußert, so ist sie
geradezu unerforschlich. Wir vermögen nicht einmal die freie
That des einzelnen Menschen, der unsers Gleichen ist, mit
Sicherheit zum voraus zu berechnen, und beschränken uns eben=
deßhalb auf den Nachweis der regelmäßig in der Gesammtheit
wirkenden Ursachen. Wie sollen wir die Pläne und Entschlüsse
Gottes ergründen und als feste Lebensregel bestimmen können?
Die Ahnung eines Gott suchenden Gemüths und die Zuversicht
des frommen Glaubens und Vertrauens mögen hier zuweilen
das Dunkel durchbrechen und einen Halt ergreifen, den die
Wissenschaft nicht beleuchtet; es mag auch der philosophische
Denker die Freiheit Gottes und ihr Verhältniß zu der mensch=
lichen Freiheit tiefer ergründen und der Geschichtsforscher hinter=
drein das Walten des Schicksals in der Völkergeschichte auf=
zeigen; die politische Wissenschaft aber, gewöhnt die mensch=
lichen Zustände menschlich zu begreifen, bescheidet sich, die
regelmäßigen und deutlich erkennbaren Ursachen aufzusuchen
und darzustellen.

Wie es für das politische Leben gefährlich ist, wenn
die Führer des Volks, anstatt die eigenen Kräfte anzustrengen,
sich träge oder leichtsinnig auf die göttliche Hülfe verlassen,
und die Verantwortlichkeit, welche ihnen obliegt, auf das
Schicksal abwälzen, so wird es auch für die politische Wissen=
schaft verderblich, wenn sie anstatt mit Ernst die nachweis=

baren Gründe des Gemeinlebens aufzudecken, in bequemer Ausflucht sich voreilig auf den unerforschlichen Rathschluß Gottes beruft. Die Geschichte des Völkerlebens und der Wissenschaft zeigen es, wie jeder große Fortschritt durch den Fleiß und die Arbeit der Menschen selbst errungen werden muß.

Die Einwirkungen der äußern Natur nun auf die Menschen erscheinen zunächst ebenso nothwendig und gleichmäßig wie in dem allgemeinen Naturleben. Aber auch hier wird jene Nothwendigkeit durch Ausnahmen und diese Gleichmäßigkeit durch mannigfaltige Abweichungen in dem Verhältnisse abgeschwächt und durchkreuzt, in welchem die menschliche Freiheit mit der Natur zusammen oder unter Umständen derselben entgegen wirkt.

Jedermann weiß, daß das gemäßigte Klima der menschlichen Staatenbildung förderlich erscheint. Fast alle civilisirteren Staaten sind in Ländern entstanden, deren durchschnittliche Jahrestemperatur 8—12°, höchstens 16° Luftwärme beträgt. Wir verstehen es, daß die kalte Zone dem Zusammenleben der Menschen schwere Hindernisse bereitet und die heiße Zone erschlaffend auf die männliche Thatkraft wirkt, während die gemäßigte Temperatur theils den Verkehr der Menschen erleichtert, theils die Arbeitskräfte anregt. Aber unmöglich ist der Staat nicht außerhalb der gemäßigten Zone. Der Mensch kämpft mit den Schwierigkeiten der kalten Zone und zwingt das kalte Land die Ausbreitung eines geordneten Staatswesens zu tragen. Island und Norwegen liegen wenigstens theilweise, Sibirien ganz unter jener Temperaturhöhe. Uralte Staatswesen haben sich auch in heißen Klimaten trotz der ungünstigen Naturbedingungen festgesetzt und erhalten, wie in Südindien, auf den Inseln des Indischen Oceans und in Brasilien.

Ebenso ist die Einwirkung der Bodengestalt auf die gesellschaftlichen und politischen Zustände gemeinverständlich. Jeder begreift es, weßhalb die reiche Mannigfaltigkeit der Landesgestalt, welche die Menschenkräfte vielseitig anregt, förderlicher wirkt, als die einförmige Gleichartigkeit der Wohnsitze; weßhalb in den großen Stromgebieten und an den bucht- und hafenreichen Küstenländern sich früher und rascher die Civilisation entwickelte, als in den wasserarmen Binnenländern, weshalb die Bewohner der Bergthäler sich gewöhnlich durch ein männliches Selbstgefühl und einen kräftigen Freiheitssinn auszeichnen vor der Bevölkerung der Flachländer und der weiten zur Dienstbarkeit geneigten Ebenen. Obwohl auch dieser Naturwirkung der Mensch nicht unbedingt Folge leistet, so verspürt er doch allezeit ihre Macht und vermag sich nur theilweise ihren Einflüssen zu entziehen.

Weniger leicht zu erklären und dennoch unverkennbar ist die Einwirkung der verschiedenen irdischen Welttheile auf das Gemeinleben. Es ist eine auffällige Thatsache, daß Asien höchst fruchtbar erscheint an großen Religionen, während in Europa keine einzige entstanden ist, sondern immer nur die in Asien entstandenen Religionen weiter ausgebildet worden sind und ebenso merkwürdig ist die andere Thatsache, daß die höhere Staatenbildung, daß insbesondere alle Volksstaaten erst in Europa, nicht schon in Asien entstanden sind. In Asien offenbart sich die religiöse Zeugungskraft, in Europa die politische; in der Religion folgen die europäischen Völker der Autorität asiatischer Religionsstifter, in der Politik zeigt sich die augenscheinliche Ueberlegenheit des europäischen Staats über das asiatische Reich. Der Gegensatz kann nicht ein Spiel des Zufalls sein, denn er wiederholt sich in verschiedenen Zeiten und unter den verschiedensten Umständen immer wesentlich in derselben Weise. Die räthselhafte Erscheinung erklärt sich auch nicht genügend daraus, daß die asiatische Entwicklung älter, die Europa's jünger ist, und die noch kindliche Menschheit naturgemäß ihre Abhängigkeit von Gott lebhafter empfindet als die herangezogene, reifere, selbstbewußtere Menschheit. Sicher ist dieser Unterschied nicht ohne Einfluß geblieben auf jenen Gegensatz; aber wir dürfen doch nicht vergessen, daß viele große Religionsstiftungen in Asien jünger sind, als die Gründung europäischer Volksstaaten. Die Blüthenpracht der athenischen Freiheit war bereits halb verblichen, als Buddha in Indien erschien; und die römische Republik war unter= gegangen, bevor Christus zur Welt kam. Sogar heute noch verspüren wir den uralten Gegensatz des frommen Asiens und des selbstbewußten Europa's in unzähligen Nachwirkungen, nicht viel anders, als in den Zeiten Alexanders des Großen, der den Hellenen als höchster Mensch, den Persern aber wie ein Gott erschien.

Wie kräftig ferner die Fruchtbarkeit des Bodens auf das Gemeinleben der Menschen einwirke, hatte man längst bemerkt, aber weniger bekannt ist es, daß eine mäßige Frucht= barkeit eine weit günstigere Grundbedingung der gemeinen Wohlfahrt ist als die üppige Freigebigkeit der Natur. Den Beweis dafür hat Buckle in seiner Geschichte der englischen Civilisation vortrefflich geführt. Ist der Boden nur mäßig fruchtbar, so wird der Mensch genöthigt, denselben zu bear=

beiten, um die nöthige Nahrung zu gewinnen; und indem er
arbeitet, entwickelt er seine Kräfte, und nimmt selber in dem
Verhältnisse an Werth zu, als seine Arbeit Werthe erzeugt.
Wenn dagegen das üppige Wachsthum der Natur ohne oder
bei sehr geringer Arbeit den Menschen ihre Früchte zur Nah=
rung spendet, so fehlt es für die Massen an einem Antrieb
zur Arbeit, Trägheit und Leichtsinn nehmen überhand, und
der Einzelne, dessen Arbeit ohne Werth ist, wird selber gering
gewerthet. Ueberdem verursacht die große Freigebigkeit der
Natur eine ungünstige Vertheilung des Vermögens unter den
Menschen, indem sie mit der Zeit den Gegensatz weniger
Reicher und vieler Armer hervorruft und diese zu Knechten
jener macht. Die einen nämlich, welche ihre Ueberlegenheit
benützen und große Güter erwerben, deren reicher Ertrag sich
immer rasch zu Capital ansammelt in ihrem Besitz, wissen diese
Fruchtbarkeit der Natur für ihren wachsenden Reichthum aus=
zubeuten; die Massen aber, sorglos von Tage zu Tage dahin
lebend, gerathen in Noth, wenn etwa eine Ueberschwemmung
oder eine ungewöhnliche Trockenheit die Jahresfrüchte zerstört
oder der Krieg die Pflanzungen verwüstet, werden nach und
nach eigenthumslos und verfallen der Knechtschaft der Reichen.
Die Geschichte der ägyptischen Landbauern zur Zeit Josephs
wiederholt sich dann in verschiedenen Formen mit demselben
Charakter und in derselben Richtung.

Wie trügerisch aber die Annahme einer zwingenden
Naturnothwendigkeit der Art ist, und wie sehr man sich davor
hüten muß, aus diesem Einen wirthschaftlichen Moment Alles
erklären zu wollen, das ersehen wir an der Ausführung
Bucklers, welcher den ganz mißglückten Versuch gemacht hat,

auch das Ansehn und die hohe Civilisation der alt-indischen Aristokratie aus der Fruchtbarkeit des indischen Bodens an reichlicher Reisnahrung zu erklären. Nicht der Reichthum an Gütern und Früchten hat die indische Aristokratie hervorgebracht; denn die höchste Kaste der Brahmanen verachtet den Reichthum und je die heiligsten Brahmanen leben als arme Einsiedler und betteln um ihre Nahrung; die große Zahl der zweiten aristo= kratischen Kaste der Krieger ist ebenfalls nicht durch Reichthum ausgezeichnet, sondern dient den Fürsten um Lohn und schätzt die Tapferkeit, die Ehre und die Macht höher als das Ver= mögen. Dagegen ist der Reichthum das Ziel der dritten — bürgerlichen und bäuerlichen Klasse, welche nicht herrscht, aber auch nicht dient. Der Engländer kann sich eine hohe Bildung ohne die Grundlage des Reichthums schwer vorstellen, der Deutsche aber wie der alte Indier betrachtet das Vermögen nicht als die unentbehrlichste Grundbedingung des Geistes= lebens.

Die zweite Classe der fortwirkenden Gründe des Gemein= lebens ist unmittelbar in der Menschennatur selber aufzu= suchen, zunächst in der gemeinsamen Körperanlage und in dem Gemeingeist, welche ganze Massen von Menschen rassemäßig durchbringen und theils einigen, theils scheiden. Nicht alle Menschenrassen haben dieselbe Fähigkeit zur Civili= sation und Staatenbildung. Wenn die sogenannte Aethiopische, dunkelfarbige Rasse, vielleicht die älteste unter den noch leben= den Varietäten der Menschheit, es aus sich selber in keinem Zeitalter der Weltgeschichte und in keinem Lande zu einer höhern Civilisation gebracht hat, und überall und immer, wo weiße Stämme oder sogar weiße Individuen mit ihr in Be=

rührung kommen, die Ueberlegenheit dieser anerkannt worden ist, so berechtigen diese Erscheinungen zu der Schlußfolgerung, daß jene Rasse, trotz ihrer mancherlei Talente, eine geringere politische Begabung habe und von der Natur auf die Leitung und Erziehung der höhern Rassen angewiesen sei.

Nicht bloß die heftigeren Unterschiede der Menschenrassen üben eine regelmäßige und beharrliche Wirkung auf die gemeinen Zustände aus; auch innerhalb derselben Varietät haben die verschiedenen Familien der Völker und hinwieder die einzelnen Nationen und Stämme eine gemeinsame Rasseanlage, welche ihr Gemeinleben bedingt und dessen Gestalt hauptsächlich bestimmt.

Von größter und fortwirkender Bedeutung ist so der Gegensatz der Arischen und der Semitischen Völkerfamilie. Zu Anfang dieses Jahrhunderts noch wußte selbst die gelehrte Welt Europa's nicht von einer Verwandtschaft der zahlreichen und mächtigen Nationen, welche wir heute unter dem alten ehrwürdigen Namen der Arier zusammenfassen. Heute ist die Kunde davon, daß das gemeinsame Band uralter Sprachgemeinschaft, welches auf eine gemeinsame Urheimat hinweist, von den südasiatischen Ufern des Ganges und des Ibus her bis zu den rauhen Nordküsten Europa's, die Völker des Sanskrit und des Zend, die Perser und die Hellenen, die Römer und die Germanen mit einander verbinde und alle diese Völker nur Glieder einer großen Völkerfamilie seien, zum Gemeingut der gebildeten Welt geworden. Die Sprachwissenschaft hat zuerst diese Verwandtschaft entdeckt und nachgewiesen; dann hat die Geschichts- und theilweise auch die Rechtswissenschaft weitere Züge derselben erkannt und dargestellt.

Aber heute noch sind die tief in den Rassen liegenden Unterschiede der beiden Völkerfamilien in Charakter und Geist nicht hinreichend bekannt und werden noch nicht genug beachtet. Allerdings sind auch Semiten und Arier nicht völlig getrennt und einander nicht ganz fremd. Die Semiten gehören wie die Arier zu der begabtesten weißen Menschenrasse und jene wie diese betrachten sich als Geschöpfe des Lichts, der Sonne, des göttlichen Geistes. Der Gang der Weltgeschichte wird vielfältig bestimmt durch die wechselseitigen Einflüsse balb des semitischen, balb des arischen Wesens. Ueberall unter den arischen Nationen haben mancherlei Mischungen mit nichtarischen Ureinwohnern den reinen arischen Typus verändert und getrübt. Eben daraus sind neue eigenthümliche Nationen erwachsen. Es ist nicht unmöglich, sogar wahrscheinlich, daß auch die semitische Rasse aus einer uralten Vermischung arischer und nicht=arischer Stämme entstanden und dann mit der Umbildung der Sprache auch einen von allen andern arischen Nationen schärfer geschiebenen Charakter erhalten hat. Vielleicht ist in der alten Sage der feindlichen Brüder Kain und Abel eine Erinnerung erhalten an die ursprüngliche Verwandtschaft und an die spätere Feindschaft der beiden Familien; denn Kain, der Herr, der Ackerbauer, der selbstbewußte trotzige Krieger entspricht ebenso dem alt=arischen Typus, wie Abel als der fromme, gottergebene und bemüthige Hirte dem semitischen. Es befremdet uns nicht, wenn die friedlichen semitischen Hirten den keckeren Ariern den Vorwurf gemacht haben, sie zuerst haben unter den Gottes= kindern den blutigen Krieg eingeführt und den Fluch des Brudermordes auf sich geladen.

Aber wie dem sei, die Unterschiede der arischen und der

2

semitischen Rasse sind groß und fortwirkend in der Geschichte der beiden Völkerfamilien.

Voraus in der Sprache, dem klarsten Ausdruck des Gemeingeistes. Offenbar sind die arischen Sprachen, und gerade die ältesten und reinsten zumeist, das Sanskrit und Zend, reicher an Gehalt, bildsamer und biegsamer in ihren Formen und Endungen, fruchtbarer an neuen Ableitungen und neuer Wortbildung, als die semitischen Sprachen, deren Stoff dürftiger und deren Formen starrer und weniger veränderlich sind. Wie daher in der Sprache die Arier den Semiten überlegen erscheinen an selbstbewußtem Geiste, so zeigt sich derselbe Vorzug jener vor diesen in der Litteratur. Die arische Litteratur ist nicht etwa nur deßhalb viel reicher als die semitische, weil es viel mehr arische als semitische Cultur= völker gibt. Manche einzelne arische Nationen, wie z. B. die Indier und die Hellenen haben eine reichere und mannigfalti= gere Litteratur hervorgebracht, als alle semitischen Völker zu= sammen. Wie hoch wir das Verdienst der semitischen Phönizier um die Ausbildung der Schriftsprache schätzen mögen, das Gewicht der beiden Thatsachen, daß außer den heiligen Büchern der Juden und dem Koran fast nichts Semitisches zu einem Bestandtheil der Weltlitteratur geworden ist, und daß der semitischen Litteratur sowohl das Epos als das Drama unbe= kannt geblieben sind, wird dadurch nur wenig vermindert. Nur in der religiösen Litteratur haben die Semiten Werke von erstem Rang geliefert, in allen andern Gebieten stehen sie weit hinter den Ariern zurück. Nicht anders ist es in der Wissen= schaft. Der wissenschaftliche Geist ist schon deßhalb vorzugs= weise arisch, weil seine Grundlage das männliche Selbstbewußt=

sein und seine Entwicklung Geistesfreiheit ist, und weil die
arischen Völker sich eben durch ein höheres Selbstbewußtsein
und durch die Liebe und Kraft der Geistesfreiheit vor den
semitischen auszeichnen. Nur in der Mathematik und Astro-
nomie, in welchen die äußere Nothwendigkeit mit unwiderstehlicher Gewalt dem Menschen sich aufdrängt und in der
Theologie, in welcher die Abhängigkeit des Menschen von Gott
und die Autorität des Glaubens lebhaft empfunden werden,
hat die semitische Wissenschaft Bedeutendes geleistet, nicht in
der Philosophie und Geschichte, noch in der Staats- und Rechtswissenschaft, welche der Freiheit nicht entrathen können.

Die eigentliche Stärke der Semiten ist vorzugsweise in
der Religion zu erkennen, nicht in der Wissenschaft. Dort
liegt ihre weltgeschichtliche Bedeutung. Die Ideen der Einheit
und der Persönlichkeit Gottes wurden von den semitischen Reli-
gionsstiftern voraus mit der unbeugsamen Energie und dem
inbrünstigen Ernste geoffenbart, welche die zerstreuungssüchtigen
Massen überwinden und beherrschen und semitische Völker vorzüglich haben diese Ideen mit äußerster Zähigkeit und leidenschaftlicher Ehrfurcht festgehalten. Auch die arischen Nationen
haben den Zug zu Gott, den wir Frömmigkeit nennen; und
es finden sich auch unter ihnen große Religionsstifter, wie
jene alten brahmanischen Theosophen, als deren Vertreter der
mythische Manu genannt wird, wie der persische Zarathustra
und wie der ehrwürdige Buddha. Aber die arischen Religionen
sind in höherem Grade Erzeugnisse des Gottsuchenden Denkens
und Schauens, die semitischen Offenbarungen des gläubigen
und gotterfüllten Gemüths; freier als die Semiten bilden
daher die Arier ihre Religion um und aus, je nach den

2*

Fortschritten ihres Gedankenganges. Stolzer und selbstbewußter als die Semiten wagen es die arischen Denker, den letzten Gründen auch der Götter nachzuforschen; die arischen Helden scheuen sich nicht davor, in zornigem Rechtsgefühl selbst den Göttern mit den Waffen in der Hand entgegenzutreten und mit ihnen um den Sieg zu ringen; die arischen Dichter und Künstler stellen je nach den Trieben und Eingebungen ihrer Phantasie die Göttersage in reichen und mannigfaltig wech= selnden Bildern dar. In allen diesen Beziehungen sind die semitischen Nationen, wie insbesondere die Hebräer und die Araber durch eine tiefere Ehrfurcht vor dem göttlichen Wesen und durch ein strengeres Gefühl der menschlichen Abhängigkeit von der göttlichen Allmacht vor manchen Abwegen bewahrt, und zu dem weltgeschichtlichen Berufe befähigt worden, vor= zugsweise unter den Völkern die Träger und Bewahrer des reinen und einheitlichen Gottesglaubens zu werden, dessen die reifere Menschheit zu ihrem religiösen Leben bedarf. Die mosaische Religion und der Islam sind zunächst semitische Religionen, haben aber, die erstere als der Stamm, dem das Christenthum aufgepfropft wurde, mittelbar auf die europäische und amerikanische Welt, der letztere unmittelbar auf einen großen Theil der spätern asiatischen und afrikanischen Welt gewirkt. In dem Christenthum selbst zeigt sich der merkwür= dige Uebergang aus dem semitischen in den arischen Bereich. Jesus selbst und seine Jünger und Apostel waren sämmtlich Genossen und Glieder eines semitischen Volkes, aber so sehr erhob sich Christus individuell über das eng=semitische Wesen, daß keine semitische Nation ihn begriff und daß seine Religion verworfen von den Semiten, zur Religion der arisch=euro=

päischen Nationen und nunmehr zur Religion der höchst ge=
bildeten Menschheit wurde.

In der Bildung von Staat und Recht endlich bewährt
sich wiederum das entschiedene Uebergewicht des arischen Geistes
und Charakters über den semitischen. Allerdings hat es auch
semitische Staaten gegeben von eigenthümlicher Art und großer
Macht. Zwei Mal in der Weltgeschichte haben semitische
Staaten mit den arischen sogar um die Herrschaft der Welt
gerungen. Die alten Weltstädte Babylon und Ninive, die
Handelsstädte Tyrus und Sidon, das mächtige Carthago, und
das heilige Jerusalem bezeugen, obwohl dort arische Elemente
mitlaufen, die hohe Bedeutung auch des semitischen Gemein=
wesens, im Alterthum; und wieder im Mittelalter geben die
mohammedanischen Araber den Anstoß zu den großen Kalifen=
reichen und Sultanaten. Aber immer wieder erhebt sich die
Ueberlegenheit der arischen Staaten, im Alterthum Aegyptens,
welches nur ganz vorübergehend von semitischen, in der Regel
von arischen Fürsten regiert ward, der indischen Reiche, der
medischen und persischen Herrschaft, der griechischen Politien,
der römischen Weltmacht und im Mittelalter schließlich wieder=
um des christlich=arischen Europa's, über die mohammedanisch=
asiatische Welt. Die moderne Zeit weiß von keinem eigent=
lich semitischen Staate mehr, aber überall auf dem Erdball
und voraus an den Mündungen der großen Ströme, welche
sich in's Meer ergießen, und an den Seeküsten haben die
Arier ihre Colonien gepflanzt und Knoten gebildet, an denen
sie die zahlreichen Verkehrsfäden befestigen, welche sie über
alle Welttheile hinspannen. Sie sind im Besitze der Meere
und aller Mittel der Civilisation und von Europa und Amerika

aus beherrschen sie die Welt in weit ausgedehnterem Sinne, als in einem früheren Zeitalter geschehen ist. Der eigentliche Rechtsbegriff aber ist wie die Begründung des wahrhaft politischen Volksstaats durchaus ein Werk der arischen Rasse; und der semitische Antheil daran ist kaum der Rede werth. Staat und Recht sind das Gebiet, in welchem das Gefühl für Mannesehre und Manneswürde, die freie Selbstbestimmung, logische Schärfe und verständiges Urtheil, wodurch vornämlich die Arier sich auszeichnen, mit vorzugsweiser Energie sich bethätigen konnten. Die arischen Völker dürfen daher mit demselben geschichtlichen Rechte auf den Namen der Rechts- und Staatsvölker Anspruch machen, wie die semitischen auf den der Glaubensvölker.

Lassen sich so, bis auf einen gewissen Grad, aus der Volksrasse die gemeinsamen Zustände erklären und berechnen, so dürfen wir freilich neben diesem Gemeingrunde auch die Macht der besonderen individuellen Einwirkung nicht übersehen. Nur ist diese eher momentan als dauernd, wechselvoll und veränderlich, nicht gleichmäßig, unregelmäßig und unberechenbar, nicht ein festes Gesetz. Indessen unter Umständen kann auch die That oder das Werk des individuellen Geistes eine bleibende Wirkung auf Jahrhunderte hin ausüben und muß dann zu den fortwirkenden Gründen des Gemeinlebens gezählt werden. Es ist das der Fall, wenn das Individuum Ideen erzeugt, oder Institutionen ausbaut, welche dem Gemeinleben eine neue Richtung und eine veränderte Gestalt geben.

Den Namen der Ideen geben wir nur den schöpferischen Gedanken, welche die Menschen ergreifen und eine fortwirkende Macht auf ihre Gesinnung und ihr Leben üben. Je die höchsten Ideen insbesondere die religiöse von Gott und seinem Verhältniß zu den Menschen oder die weltliche Idee von der menschlichen Ordnung und der menschlichen Gemeinschaft, kürzer von Recht und Staat, üben die mächtigste und weitgreifendste Wirkung auf die Völker aus. Die übrigen wissenschaftlichen oder künstlerischen Ideen erleuchten zunächst nur einzelne Classen und verbreiten sich nur allmählich und mittelbar auf die ganze Nation. Aber die entscheidenden religiösen und politischen Ideen ergreifen die großen Massen in der Tiefe der Seele, wecken das allgemeine Verlangen und die gewaltigen Volksleidenschaften auf und bilden die Nationen um. Gelingt es dann, sie in feste Institutionen auszubilden und ihnen dadurch regelmäßige Organe der Aeußerung und Werkzeuge des Einflusses zu schaffen, dann haben sie einen auf lange hin gesicherten Bestand und dauernde Geltung gewonnen.

Nicht alle Ideen entspringen dem individuellen, viele entsteigen, wie schon der ideenreiche Sprachschatz zeigt, dem rassemäßig verbreiteten Gemeingeist, aber gerade die höchsten Ideen sind meistens Erzeugnisse ausgezeichneter individueller Geister und individueller Charaktere. Große Ideen deuten daher auf große Menschen hin als ihre Väter, und je größer und fruchtbarer die Idee ist, um so bedeutender ist der Mensch, der ihr Urheber und ihr Vertreter ist in der Geschichte.

Die Erzeugung der Ideen ist nicht, wie manche Freunde der Cultur sich einbilden, durch die Ausbreitung der Civilisation bedingt, und noch weniger durch die Ausbildung der technischen Hülfsmittel, oder gar durch die Muße und das Behagen, welche der Reichthum gewährt. Die chinesische Civilisation ist seit zwei Jahrtausenden weit verbreitet und sehr reich, sowohl an Werkzeugen der Technik, als an Mitteln der Schulbildung und ist trotzdem in dieser langen Zeit fast ganz unfruchtbar geblieben an neuen Ideen; sie zehrt immer noch an dem uralten Erbe aus einer früheren Zeit, in der sich mehr geistige Schöpferkraft bewährt hat. Die glänzende Civilisation des römischen Kaiserreichs, die Erbin der hellenischen Cultur und der römischen Staatsweisheit wußte den neuen christlichen Ideen, welche aus einem armen verachteten Lande kamen und anfangs von schlichten und ungelehrten Handwerkern, Fischern und Hirten vertreten waren, keine Idee von gleicher Energie und Geistesmacht entgegen zu setzen und die Reichen wurden von den Armen, die Mächtigen von den Schwachen besiegt. Wie oft sind herrlichste Ideen von einsamen, von der Welt verstoßenen oder belächelten, durch Verfolgung und Leiden geprüften, hülflosen und armen Individuen unter Schmerzen getragen und geboren worden! In ihrer Findung blitzt der leuchtende Gedanke des erregten Geistes freudig auf, aber diesem hellen und glücklichen Moment geht gewöhnlich eine lange mühen- und sorgenvolle Arbeit voraus, und muß wieder eine lange schwere Arbeit folgen, damit das neu belebte Geisteskind gereinigt, geklärt und vor Angriffen geschützt werde.

Sichtbar und erkennbar wird die Idee gewöhnlich in dem Worte oder Bilde, zuweilen auch in der That, und am wirksamsten in der Institution. Ihre Wirksamkeit aber ist nicht blos durch ihre Wahrheit bedingt. Auch falsche Ideen, grobe Irrthümer und thörichte Vorurtheile können während Jahrhunderten eine ungeheure Macht über die Menschen üben; die Geschichte der verschiedenen Religionen und der confessionellen Kämpfe ist voll von Belegen für diese Behauptung; und wahre Ideen kommen in gewissen Zeiten gar nicht, in andern nur sehr mühsam und unvollständig zur Geltung. Gerade die einfachsten und wahrsten menschlichen Grundideen finden erst sehr spät in der Weltgeschichte Anerkennung. Seit gestern erst hat die scheinbar selbstverständliche Idee: „der Mensch ist Person nicht Sache", in Europa allgemeine Aufnahme gefunden, und heute noch ist in dem freien Nordamerika ein furchtbarer Bürgerkrieg unvermeidlich geworden, damit der dunkelfarbigen Arbeiterbevölkerung das Recht der Persönlichkeit zugestanden werde. Keine Idee scheint heiliger und klarer, als die, daß der Mensch im Verkehr mit seinem Gott aufrichtig sein dürfe, d. h. die Idee der Bekenntnißfreiheit; dennoch ward sie während vieler Jahrhunderte unterdrückt, und in diesem Augenblick noch verkündet die höchste geistliche Autorität der christlichen Kirche ihre tödtliche Feindschaft gegen dieselbe und offenbart ihre, zum Heile der Menschheit machtlose Neigung, dieselbe wieder zu verfolgen und auszutilgen.

Zuweilen ruht eine Idee in einem vergessenen Wort oder in einem vergrabenen Bild, ohne irgendwie und auf irgendwen zu wirken. Nach Jahrhunderten vielleicht wird die verstaubte Schrift wieder gelesen und in dem schlafenden Wort wieder der lebendige Geist entdeckt, der es gezeugt hatte; oder das Bild wird wieder gefunden und theilt nun den bewundernden Schauern die schöne Idee mit, welche der Künstler vor Zeiten in demselben verherrlicht hatte. Als im XV. Jahrhunderte die reichen Ideenschätze der antiken Literaten und der antiken Kunst wieder erschlossen wurden, da besann sich die europäische Menschheit, welche während Jahrhunderten mit der dürftigen

Mönchsnahrung sich hatte begnügen müssen, wieder ihrer freieren und schöneren Jugendzeit und die ewig jungen und ewig wahren Ideen der Hellenen und der Römer beleuchteten wieder das nächtliche Dunkel. Ebenso entzündete im XVI. Jahrhundert das erneuerte Studium der fast verschollenen Bibel den reformatorischen Geist in der Kirche und vergessene religiöse Ideen bekamen wieder eine wirksame Macht über die Gemüther.

Die Wirksamkeit der Ideen hängt also mehr noch als von ihrer Wahrheit und Güte von der Empfänglichkeit des Gemeingeistes ab, der sie aufnehmen muß und von der Fähigkeit, die aufgenommenen Ideen anzuwenden und fortzubilden. Auf jene aber üben die Bedürfnisse der Gegenwart, welche das Verlangen reizen und spannen, und auf diese die Richtung des Zeitgeistes, welche zur Arbeit antreibt und die zeitgemäße Arbeit reichlich belohnt, den größten Einfluß aus. Am mächtigsten zeigt sich in dieser Hinsicht jene regelmäßig sich wandelnde Bewegung des menschlichen Gesammtgeistes, welche wir bald den Geist des Jahrhunderts, bald den Zeitgeist heißen. Wenn eine Idee mit dem Zeitgeiste zusammen stimmt, dann nur ist Aussicht auf ihre Verwirklichung und ihren Erfolg; wenn sie dem jeweiligen Zeitgeiste widerstreitet, so werden die Massen von ihr nicht angezogen und fordert sie im Gegentheil den Mißmuth der Menge und den Widerspruch der Völker heraus. Man sagt, der Same, welcher vor Jahrtausenden einer ägyptischen Mumie mitgegeben und in der dunkeln Grabeskammer einer Pyramide aufbewahrt worden, gehe heute wieder als Pflanze auf, sobald er irgendwo in die feuchte Erde gesenkt und dem belebenden Sonnenlichte ausgesetzt werde. Aber nicht ganz so ist es mit ben alten Ideen, welche lange vergraben gelegen haben und nun wieder von den Menschen gefunden und verwendet werden. Nur die Ideen, welche von dem Zeitgeist begünstigt werden, erlangen ein erneutes und überdem ein im Sinne der neuen Zeit verändertes Leben, die veralteten Ideen aber, welche nicht mehr zur Gegenwart passen, vermag keine wissenschaftliche Kunst wieder zu beleben und fruchtbar zu machen.

Von dem Zeitgeiste günstig beleuchtet erscheint die in Wort oder Bild dargestellte Idee nun verständlich und willkommen, und der Geist, der in dieser Form fixirt und aufbewahrt worden, fängt nun an auf die Köpfe und Herzen der Menschen ein= zuwirken. Durch diese stille Sprache von Geist zu Geist werden nun in den Lebenden neue Gedanken angeregt, Wünsche geweckt, Entschlüsse hervorgerufen. Die Idee bringt sich erst in einzelne ein, dann in viele, zuletzt übt sie ihre Macht über Alle und wird zum Gemeingut der Nationen. Aber indem sie Veränderungen bewirkt, erleidet sie selbst Aenderungen. Sie muß nun den Stempel der Zeit annehmen, in der sie Geltung erwirbt. Neben der Nothwendigkeit tritt wieder wie in allem Menschenleben die Freiheit hervor und arbeitet mit bei der Bestimmung, in welcher Ausdehnung und in welcher Form die Idee nunmehr zu verwirklichen sei. Der empfängliche Menschengeist, der die Idee aufnimmt und vorerst in sich verarbeitet, ist nicht der bloße bewußt= und willenlose Knecht des schöpferischen Menschengeistes, der die Idee gezeugt und dargestellt hat. Sie sind beide von derselben Menschenart und auch in jenem, nicht bloß in diesem wirken Selbstbewußtsein und Selbstbestimmung, d. h. Freiheit ein. Die Wirksamkeit der Ideen ist daher ohne Freiheit so wenig zu denken als ihre

Begründung. Ihre Wirkungen erscheinen deßhalb in der Geschichte eher als möglich denn als nothwendig, und zumeist bleibt
die thatsächliche Ausführung an Energie und an Reinheit
hinter dem ursprünglichen Gedanken ihres Urhebers weit zurück.

II.

Die Brahmaidee und die Entstehung der indischen Kastenordnung.

Indisches Kastenwesen im Lichte der Neuzeit. Gesetzbuch Manus. Die Schöpfung der Kasten. Pflichten der einzelnen Kasten. Hohe Stellung der Brahmanen. Ungleichheit der Kasten im Strafrecht und Reinigungssystem. Fortpflanzung der Kasten. Frauen. Familie und Erziehung. Die Lebensstufen des Brahmanen. Erste Bildung der Kasten. Arier und Sudras. Gegensätze der Rassen und der Farben. Aristokratische Stände und Volksklassen. Räthselhafte Erhebung der Brahmanen sogar über die Königsgeschlechter. Ungenügende Erklärungsversuche. Alte Naturreligion. Brahmanen finden die Einheit des göttlichen Wesens. Das Brahma und der Brahma. Gesteigertes Selbstbewußtsein der Brahmanen. Kämpfe mit den Kshatrihas. Endlicher Sieg der Brahmanen und Erhebung ihrer Kaste gegen den Verzicht auf Staatsherrrschaft und Fürstenmacht.

Wenn das hohe Alter einer Institution dieselbe ehrwürdig macht, so hat die indische Kastenordnung Anspruch auf höchste Ehre, denn es gibt keine ältere und keine dauerhaftere Institution in der Welt. Trotzdem sind wir Europäer geneigt, mit Verachtung auf die indischen Kasten herabzusehen. Die Indier betrachten die Kastenordnung wie eine Naturnothwendigkeit und verehren sie als eine göttliche Einrichtung, und uns erscheint dieselbe als unnatürlich, widerwärtig, schädlich. Wir erkennen die Festigkeit des Granitbaues an, aber wir möchten um keinen Preis in seinen massiven Stockwerken wohnen. Gewöhnt an die geschichtliche Wandelbarkeit unsrer Stände kommt uns die Unveränderlichkeit der indischen Kasten wie ein mumienhaftes Bild vor, aus dem das Leben gewichen ist. Wir schreiben heute der individuellen Freiheit den höchsten Werth zu und freuen uns ihrer reichen Entfaltung und schätzen deßhalb das Gewicht gering, welches die Indier auf den innern Zusammenhang und die Fortpflanzung der Rasse legen. Von den beiden großen Principien, die während Jahrtausenden mit einander im Kampfe liegen und doch hinwieder in jedem Einzelnmenschen sich vertragen müssen, der Rasse und dem Individuum haben die Indier dem ersten den entscheidenden Vorzug eingeräumt und huldigen wir heute dem letztern. Sicher sind dabei die Indier allzu einseitig verfahren, aber auch die heutige europäische Welt betrachtet die entgegengesetzte Seite mit allzu ausschließlicher Vorliebe. Einen weniger fremden und abstoßenden Eindruck macht uns die indische Kastenordnung, wenn wir uns erinnern, daß auch unsere germanischen Vorfahren in alter Zeit den Kasten ähnliche Erbstände gekannt haben, die ebenfalls mit der Geburt erworben und nur ausnahmsweise vor dem Tode geändert wurden, daß ebenso in dem christlich-germanischen Mittelalter in Europa manche Berufsstände zu erblichen Ständen sich befestigten, und unser wegwerfendes Urtheil über die indischen Kasten wird billig durch die Erwägung ermäßigt, daß selbst in der neuen Zeit noch die Ueberlieferung des Geblüts und die Vorurtheile der Abkunft in dem gesellschaftlichen Leben eine weit größere Rolle

spielen, als unsere Rechtsgleichheit und die moderne Individual=
ehre es erwarten lassen und rechtfertigen.

Die Kastenordnung ist auch nicht der bizarre Einfall
einer barbarischen Nation oder eines willkürlichen Despoten,
sondern die Verfassung einer Nation, deren wunderbar voll=
kommene Sprache ein unwiderlegliches Zeugniß gibt für ihren
reich begabten und logischen Geist, die in philosophischem
Tief= und Scharfblick nicht einmal von den Hellenen über=
troffen wird, deren religiöse Hingebung und Opfermuth den
Vergleich mit den Heiligen der christlichen Kirche aushält, deren
humane Civilisation den meisten höheren Civilisationen der andern
Culturvölker vorher geht. Sie ist auch nicht in einer Zeit
des Verfalls und der lebensmüden Entsagung entstanden, nicht
der träge Niederschlag eines abgeschlossenen Lebens. Vielmehr
ist sie in der Jugendperiode der indischen Nation, zur Zeit
des frischen Wachsthums des indischen Reiches ausgebildet
worden und die Vollendung der indischen Philosophie und
die reichste Blüthezeit der indischen Litteratur folgen ihr nach.

Die älteste und die vollkommenste Darstellung der Kasten=
ordnung ist in dem Gesetzbuch Manus enthalten. Dieses
merkwürdige Werk, das gegenwärtig noch in Indien Autorität
hat, ist im Grunde nichts anderes als die Offenbarung der
Kastenordnung, wie sie von den brahmanischen Weisen ver=
standen und gelehrt wurde. Das Gesetz diente zur Aussprache
der Kastenlehre und hinwieder „zur Ausbreitung der Kasten=
ordnung von den Ufern des obern Ganges her, aus den
heiligen Brahma= und Brahmanenländern (Brahmavarta und
Brahmarshibeca), über die indische von den Ariern beherrschte
Welt.

Die Angaben über sein Alter und die Meinungen der Kritiker gehen freilich viele Jahrhunderte auseinander. Hatte man früher die erste Abfassung des heiligen Buches im Eifer allzu hoch in die dunkle Vorzeit hinaufgerückt und mit den zehn Geboten des Mose ziemlich gleichzeitig gesetzt, so hat die neuere Kritik die entgegengesetzte Tendenz, dasselbe möglichst jung erscheinen zu lassen und bis ins vierte Jahrhundert vor Christus, ja noch näher dem Anfang unserer Zeitrechnung zu verlegen. Vielleicht wird es den spätern Arbeiten gelingen, die Zeit genauer zu bestimmen und die unläugbare Möglichkeit einer ältern und einer jüngern Gestalt näher zu begründen. Vorläufig scheint die ursprüngliche Form des Gesetzbuchs, welche sicher jünger ist als die drei Veden, doch älter zu sein als fast alle andere indische Litteratur und aus historischen Gründen um Jahrhunderte älter als Buddha, dessen Religionsstiftung, der Gegenstoß gegen die brahmanische Kastenordnung, die volle Herrschaft und selbst die Ausartung derselben voraussetzt. So wenig die Erhebung der päpstlichen Herrschaft in dem mittelalterlichen Europa und die Ausbildung des kanonischen Rechts mit der Reformation Luthers zusammen trafen, so wenig konnte das Gesetz, welches die Herrschaft der Brahmanen in Indien begründete und ihre Ausbreitung erst möglich machte, mit der Erhebung dagegen zusammen treffen. Zwischen so großen Wandlungen liegen immer Jahrhunderte der Weltgeschichte. Wenn daher die Kastenordnung ungefähr ein Jahrtausend vor Christus zuerst in den oberen Gangesländern eingeführt worden ist, und schon im sechsten Jahrhundert vor Ch. den gewaltigen Angriff des Buddhismus erfahren hat, so wird das Alter des ursprünglichen Gesetzbuchs schwerlich dem Ende dieser Periode näher zu suchen sein als vielmehr ihrem Anfang.

Das Gesetz verdankt nicht einer Staatsautorität seine Geltung; es ist auch nicht von einem Gotte den Menschen verkündet worden. Die Kasten werden nicht wie eine neue Verfassung angeordnet und eingeführt. Das Gesetzeswerk ist nur die Darstellung der brahmanischen Lehre von Gott, der Welt, den Ordnungen und Pflichten der Menschen; seine Autorität beruht nicht auf der Macht sondern auf der Weisheit seiner Verfasser und es findet Beachtung, nicht weil die Staatsgewalt es verkündet, sondern weil die gläubige Ehrfurcht der Nation darin die Offenbarung der höchsten Wahrheit und Gerechtigkeit erblickt. Manu selbst, d. h. der wiedergeborene Urmensch — das Wort Mensch selber, Sanskrit manu-sha ist von seinem Namen abgeleitet — die höchste idealste Verkörperung der göttlichen Menschennatur, hat aus der Fülle seiner Weisheit und Gotteserkenntniß dieses Gesetzes geschöpft und mitgetheilt, und weiseste Brahmanen, voraus der fromme Muni Bhrigu, haben es von ihm empfangen und den folgenden Geschlechtern überliefert.

Der Ursprung der Kasten wird von Manu unmittelbar aus der göttlichen Weltschöpfung oder richtiger Weltwerdung abgeleitet. Indem das Eine große Urwesen, das allein durch sich selbst besteht, das von den Sinnen nicht geschaut, nur von dem Geist wahrgenommen wird, Brahma, in sich erglänzend als zeugender Geist die Finsterniß erhellt und die in ihm verborgenen fünf Elementarkräfte sichtbar macht, indem so Brahma sich selber in der Welt offenbart, die Erde und den Himmel bildet, und beide in mancherlei Gestalten,

3

mit Göttern und Genien, Menschen und Thieren bevölkert, und jedem dieser Theilwesen einen Namen, eine bestimmte Anlage und Lebensaufgabe mitgibt, stellt er sich auch in der verschiedenen Lebensordnung der vier Kasten dar. Aus seinem Munde gingen die Brahmanen hervor, die lebendigen Gotteswörter, aus seinen Armen die mächtigen Kshatriyas, aus seinen Schenkeln die fruchtbaren Visas oder Vaisjas, und aus den niedersten Theilen seines Körpers, aus seinen Füßen die dienenden Sudras (M. 1. 1—31.) Zur Erhaltung seiner Offenbarung in dem Menschengeschlechte bestimmte er jeder Kaste unabänderlich ihren Beruf. Den Brahmanen legte er die Pflicht auf, die Veden zu studiren und zu lehren, selber die heiligen Opfer darzubringen und die Opfer der andern zu leiten, und gab ihnen das Recht, Gaben zu verleihen und zu empfangen. Den Kshatriyas gebot er, das Volk zu schützen, Wohlthätigkeit zu üben, Opfer darzubringen, die heiligen Schriften zu lesen und ihre sinnlichen Begierden zu zähmen. Die Sorge für die Hausthiere, Almosengeben, opfern, die heiligen Gebete erlernen, Handel treiben, den Acker bauen, das sind die Geschäfte der Vaisjas. Aber der untersten Kaste, den Sudras legte der oberste Herrscher nur die Eine Pflicht auf, den höheren Classen in Ehrerbietung zu zu dienen. (M. 1. 87—91.)

Die drei obern Kasten haben sämmtlich Theil an der religiösen und an der philosophischen Bildung, sie alle dürfen die heiligen Gebete und Hymnen erlernen und sprechen, die in den Veden aufbewahrt sind, sie dürfen alle den Göttern Opfer darbringen und die heiligen Gebräuche mitfeiern; aber den Genossen der dienenden Kaste ist die heilige Sprache unverständlich und sind die heiligen Schriften verschlossen. Sie haben keinen Theil an den Gebeten und den Opfern. Die Religion und die Bildung der obern Kasten schließt sich ab und fürchtet, durch jede Berührung und durch jede Gemeinschaft mit den Subras verunreinigt und entweiht zu werden. Deßhalb gelten die drei obern Kasten als Zweimal Geborne. Das eine Mal leiblich, durch die natürliche Geburt, das andere Mal geistig, durch die Erziehung; die Subras aber sind nur einfach geboren, denn die zweite geistige Geburt ist ihnen versagt.

Unter diesen obern arischen Kasten ist hinwieder den Brahmanen allein die Lehre und das Opfer für andere vorbehalten, die andern Kasten dürfen die heilige Wissenschaft studiren, aber nicht lehren, und für sich opfern, nicht für andere. Ebenso sind der Schutz des Volks und die Herrschaft im Staat vorzugsweise den Kshatriyas zugewiesen und die wirthschaftlichen Berufsarten Viehzucht, Landbau, Gewerbe, die Bestimmung der Vaisjas. Aber während es dem Manne je der untern Kaste strenge verboten ist, in den vornehmlichen Beruf der obern Kaste überzugreifen, so ist es den Gliedern der obern Kasten nicht verwehrt, so weit die Noth des Lebens=unterhalts sie dazu zwingt, auch in dem Berufe einer untern Kaste die nöthige Nahrung zu suchen. Der arme Brahmane darf als Kriegsmann seine Speise verdienen und sogar, mit gewissen Beschränkungen, wie ein dürftiger Kshatriya sich mit Viehzucht oder Handel ernähren, eher noch als mit Ackerbau, denn der Pflug tödtet frieblich=lebende Wesen und davor müssen sich die Reinen hüten. Ein Vaisja, und sogar ein Kshatriya darf in der Leibesnoth sogar als Knecht sich verbingen und wie ein Subra bienen. (M. X. 11. 86. s.

95 f.) Aber alle diese Abweichungen von der Regel sollen
möglichst vermieden werden und dürfen nicht länger dauern
als die Noth es erfordert.

Sehr tief stehen die Sudras in dieser Kastenordnung,
aber sie sind doch nicht ebenso rechtlos, wie sie bildungslos
sind. Sie werden nicht wie die Sclaven der Römer als
verkäufliche Sachen betrachtet, und sind nicht einmal wie die
Sclaven der Hellenen von einem Herrn zu eigen erworben,
sondern sie gelten als dienende Menschen, welche selber ihre
Herren wählen und mit vertragsmäßiger Freiheit je nach Umständen in die Dienste bald dieses bald jenes Hausvaters
treten. Am besten ist es für den Sudra nach der Anleitung
des Gesetzes, wenn er bei einem Brahmanen Dienste nehmen
kann, denn dann ist in dieser Welt und wird in der künftigen
Welt für ihn gesorgt. Die Erhabenheit des brahmanischen
Lebens zieht ihn empor und die Seligkeit des Brahmanen
beleuchtet auch seine Seele. Er kann aber auch einem Fürsten
oder Krieger und einem Landwirth oder Gewerbsmann dienen.
Findet er keine Aufnahme, dann ist ihm sogar gestattet, zur
Ernährung seiner Familie auch ein selbständiges Handwerk
oder eine Kunstfertigkeit zu betreiben, denn, sagt das Gesetz
ein dieser Weise dient er mittelbar wieder den Zwiefach-
geborenen"; nur darf er nicht Reichthümer anhäufen, denn das
wäre der Demuth zuwider, die seine Pflicht ist. (M. X. 99.
121—129. Yajnavalkya 1. 120).

Das Gesetz gestattet so eher ein Absteigen von Stufe
zu Stufe, als ein Emporsteigen auf eine höhere Stufe. Ueber
die angeborene Kaste hinauf gelangt Keiner, unter dieselbe sinken

kann Jeder. Ein Brahmane, der sich mit geistigen Getränken berauscht, wird dadurch zum Sudra.

In dieser Weltordnung nehmen die Brahmanen eine unnahbar hohe Stellung ein. Das Gesetz spannt den Ausdruck aufs höchste, um die Majestät dieses Standes zu verherrlichen: „Der Brahmane ist der rechtmäßige Herr der Schöpfung, weil er aus dem reinsten und edelsten Theile des göttlichen Wesens, aus dem Munde Gottes stammt, weil er der Erstgeborene der Schöpfung ist, weil er vorzugsweise die heiligen Lieder inne hat, weil Götter und Menschen durch ihn die heilige Speise empfangen. Unter allen beseelten Wesen sind die Menschen die Ersten und unter den Menschen sind es die Brahmanen. Unter den Brahmanen aber sind die vorzüglichsten die, welche die heilige Wissenschaft besitzen, und unter den Weisen wiederum die, welche ihre Pflicht erkennen und unter diesen die, welche die Pflicht am vollständigsten ausüben, und unter den letzteren die, welche die Vertiefung in die heilige Lehre zur Seligkeit führt"; denn, fügt ein anderes verwandtes Gesetzbuch, der Yajnavalkya hinzu, „das Höchste ist das Schauen Gottes in Andacht" (M. 1 92—87. Yajn. 1. 8.). „Die Geburt eines Brahmanen ist die Menschwerdung der ewigen Gerechtigkeit. Der Brahmane, zur Uebung der Gerechtigkeit geboren, ist bestimmt, mit Brahma Eins zu werden. Er ist der höchste Herr aller Wesen auf Erden, der Wächter und Bewahrer der Gesetze. Alles, was diese Welt in sich schließt, gehört im Grunde ihm zu, denn seine Erstgeburt und seine Hochgeburt gibt ihm ein Recht dazu. Die Güter, welche andere Menschen besitzen, verdanken sie der Großmuth der Brahmanen" (M. 1. 98—101). Deßhalb wird der

Brahmane auch von den Göttern verehrt und ist eine Autorität für die Welt (M. XI. 84).

Wie bei den alten Germanen der angeborene Stand mit verschiedenen Wergeldern gewerthet wurde und der Todtschlag oder andere Angriffe auf die Person ein verschiedenes Maß der Buße begründete, so wirkt die Ungleichheit der Kasten auch im Strafrecht bedeutend ein auf das Maß und die Art der Strafen. Für Schmähreden wider einen Brahmanen wird ein Kshatriya mit 100 Panas, ein Vaisja mit 150—200 Panas gebüßt, ein Sudra am Leibe gezüchtigt, in einzelnen Fällen dieser sogar in grausamster Form, indem ihm die Zunge geschlitzt oder ein glühendes Eisen in den Mund gestoßen oder siedendes Oel hineingegossen wird. Wenn dagegen umgekehrt ein Brahmane der Schmähung schuldig wird, so wird er je nachdem sich dieselbe auf einen Kshatriya, Vaisja oder Sudra bezieht, mit 50, 25 und 12 Panas gebüßt (M. VIII. 268—272). Werden die Glieder anderer Kasten für gewisse Verbrechen von dem Gesetze mit der Todesstrafe bedroht, so darf niemals ein Brahmane zum Tode verurtheilt werden. Die höchste Strafe, welche ihn treffen kann, sind die Haarschur und die Verbannung (M. VIII. 397). Für das ehrlose Vergehen des Diebstahls aber steigt die Geldbuße mit der Kaste des Diebs. Während der Sudra den achtfachen Werth des gestohlenen Gutes ersetzen muß, steigt die Sühne des Vaisja auf das sechszehnfache, die des Kshatriya auf das zweiunddreißigfache und wenn der Brahmane gestohlen hat, muß er den Diebstahl vierundsechszigmal, oder gar einhundertachtundzwanzigmal vergüten (VIII. 337). Für den Brahmanen und den Kshatriya ist es unschicklich, Geld auf Zinsen

vnszuleihen, außer zu wohlthätigen Zwecken und um geringe
Zinse. Aber der Vaisja darf allen andern Kasten Geld borgen
und je nach der Höhe der Kaste und für das unversicherte
Darlehen von dem Schuldner Monatszinse fordern, bis 2 % von
dem Brahmanen, bis 3 % von dem Kshatriya, bis 4 % von
dem Vaisja und bis 5 % von dem Sudra. (M. X. 117.
VIII. 142.)

Ebenso reinigt sich der Brahmane in manchen Fällen
leichter von der Befleckung durch Sünden oder durch Berührung unreiner Dinge oder Personen durch freiwillige Buße
und Reue, Gebet und Waschung, als die Glieder der andern
Kasten, aber auch für diese gibt es eigenthümliche Formen
der Reinigung. Der König z. B. wird immer rein, sobald
er sich auf den Thron setzt, der Krieger wird sofort gereinigt
durch den Tod in der Schlacht. (M. V. 99 f. XI. 73 f.)

Die Gegensätze der Kasten werden durch die Erblich-
keit verewigt. Jede Kaste pflanzt sich selber fort, von Geschlecht zu Geschlecht, und bleibt so von allen andern für
immer geschieden. Das Kind, in bestimmter Kaste geboren
wird von derselben festgehalten bis zum Tode, wie immer
seine Talente und sein Schicksal sich gestalten. Wenn die
indische Heldensage Ramajana vorzüglich einen Fall ausmalt,
in welchem es einem Kshatriya endlich durch sein Verdienst
gelungen sei, zum Brahmanen empor zu steigen, so scheint es
fast, als wolle sie durch das Bild einer idealen Möglichkeit einigen
Trost gewähren gegen die thatsächliche Unmöglichkeit und zugleich
dazu ermahnen, daß man sich bei dieser beruhige, und nicht den
ungangbaren Weg zu jener versuche. Auch das Gesetzbuch
kennt die Sage und deutet auf sie hin (VII. 42). Der

König Vic=vâmitra nämlich, der dem brahmanischen Muni
Vasisht=ha die heilige Kuh geraubt hatte und dann durch
die Wunderkraft desselben überwunden und gedemüthigt worden
war, ergab sich nun ganz den heiligen Studien und erlangte
zuletzt — freilich erst nach den schwersten Prüfungen und
Anstrengungen, und verschiedenen Rückfällen, nach Ablauf von
Jahrhunderten und Jahrtausenden endlich einen so hohen Grad
der Weisheit und Heiligkeit, daß die Götter anfingen sich
vor ihm zu scheuen und Vasisht=ha bringend baten, dem uralten
Gegner endlich die Hand zur Versöhnung zu reichen und ihn
als Brahmanen anzuerkennen. Was erst nach Jahrtausende
hindurch in allen Wiedergeburten beharrlich fortgesetzter An=
strengung zu erreichen ist, das muß dem kurzlebigen Menschen
in Wahrheit unerreichbar vorkommen.

Auch die Frauen werden von der Kastenordnung um=
faßt. Das Mädchen wird, wie der Knabe, in der Kaste
geboren, die erwachsene Frau dient als Mutter der Fortpflanzung
der Kaste. Die indische Frau wird geehrt, aber sie wird
niemals selbständig. Als Kind ist sie unter der Vormundschaft
des Vaters, als Ehefrau unter der ihres Mannes, als alte
Wittwe ist sie von ihren Söhnen abhängig (M. V. 147. 148.
IX. 2. 3). Auch mit den Göttern ist sie nicht unmittelbar
verbunden. Es gibt für sie keine besonderen Opfer noch
Opfergebete, noch heilige Gebräuche und Fasten. Das Studium
der Veden und des Gesetzes ist ihr versagt (M. IX. 18. V.
36.) Sie hat keine selbständige Aussicht auf höheres
Fortleben nach dem irdischen Tode. Sie hat nur eine Existenz
in der Familie, und ihr Leben folgt dem Schicksal ihres
Vaters und ihres Ehemanns. „Will eine tugendhafte Ehefrau

der Seligkeit ihres Mannes theilhaft werden, so thue sie Nichts, was ihm mißfällt, weder so lange er mit ihr lebt, noch nach seinem Tode" (M. V. 156). Der Mann zieht sie nach sich in den Himmel (M. V. 166. IX. 29). „Die schuldige Frau dagegen verliert in dieser Welt ihre Ehre und wird nach ihrem Tode in Thiergestalt wiedergeboren und mit Krankheiten verfolgt" (M. V. 164. XI. 30). Aber sie wird nicht, wie bei andern asiatischen Nationen, mißtrauisch in dem Harem verwahrt und bewacht. Das Gesetz verwirft ausdrücklich diese ängstliche Absperrung und spricht die edlere Ansicht aus: Nur die Frau ist wahrhaft treu und gesichert, welche ihre Keuschheit mit eigenem Willen selber bewacht (M. IX. 10. 12). Die Ehre ihres Geschlechts wird geachtet und ihr die Bestimmung zugewiesen, Kinder zu gebären und zu erziehen, und die häus= lichen Geschäfte zu besorgen (M. IX. 27).

Aus der poetischen Litteratur der Indier ersehen wir, wie hoch die individuelle Liebe und die eheliche Treue geschätzt ward; und einzelne Züge einer zarten Sorge auch für die Schönheit und den Schmuck der edlen Frau sind in Manus Gesetz aufgenommen worden. „Wo die Frauen geehrt werden" heißt es in einer Stelle, „da fühlen sich die Götter befriedigt, wo die Frauen mißachtet werden, da bleiben alle guten Werke ohne Segen. Die Familie, in welcher die Frau in Betrübniß lebt, geht ihrem Untergang entgegen; sie breitet sich aus und gedeiht, wo die Frauen glücklich sind. Daher ist es die Pflicht des reichen Mannes der Frau Schmuck und Kleinode zu schenken. An der reichgeschmückten Frau erlabt sich das Herz des Mannes und ihr Glanz strahlt wieder in der Ehre und dem Segen des Hauses." (M. III. 55 f.)

Aber nur die ebenbürtige Ehe pflanzt die Kaste fort; das unselige Institut der Mißheirath ist eine der schlimmsten Folgen der Kastenordnung, und gefährdet das Recht der Kinder, die nun in eine Neben- und Mißkaste gerathen. Es war um so schlimmer, als das Gesetz selbst solche Mißehen unter bestimmten Bedingungen befördert. Der Brahmane z. B. soll wohl die erste und vorzüglichste Frau unter den Brahmanentöchtern suchen, aber er mag eine zweite Frau von der Kshatriyakaste nehmen und eine dritte sogar aus den Vaisjas. Die Fürsten hatten oft zwei und mehr Frauen zuweilen aus ihrer Kaste, aber auch aus Brahmanengeschlecht und zuweilen aus Vaisjastamm. Eher noch wird die Verbindung eines höheren Mannes mit einer niedern Frau geduldet, als umgekehrt (M. X. 6. 41.). Je höher überdem die Form der Ehe steht, um so besser ist das für die Fortpflanzung der reinen Rasse. Manche Eheformen sind den Brahmanen eigenthümlich, insbesondere die Weise Brahmas, wenn ein Vater unaufgefordert seine geschmückte Tochter einem Weisen zuführt und darbringt und dieser sie aufnimmt, die Weise der Götter (Devas), wenn der Vater die Tochter dem opfernden Brahmanen verlobt, die der Heiligen (Richis), wenn der Vater von dem Brautwerber eine Brautgabe empfangen hat und die Weise der Väter, wenn der Vater seine Tochter in Ehren hingibt mit den Worten: „Uebet nun zusammen die vorgeschriebenen Pflichten". Die beiden folgenden Formen nach Art der Dämonen, wenn der Brautwerber von sich aus die Hand der Tochter ergreift und ihr und ihren Eltern Geschenke macht und die Weise der himmlischen Harmonie, wenn Jüngling und Jungfrau in wechselseitiger Liebe sich einen,

paſſen beſſer für die übrigen Kaſten; den Kſhatrihas allein iſt
die wildere Form der Rieſen nicht verwehrt, indem ſie die
Tochter mit Gewalt aus dem väterlichen Hauſe entführen. Aber
allen Kaſten verboten iſt die letzte ſchmählichſte Form, nach
Art der Vampyren, wenn ſich der Mann der ſchlafenden
oder ihrer Sinne nicht mächtigen Frau heimlich bemächtigt
(M. III. 20—34. Yajnav. 1. 58—61.). Daß der Mann
mit ſeiner Frau Eine Perſon bilde, iſt die Lehre Manus
(M. IX. 45.) und die eheliche Treue wirkt für beide Ehegatten
auf das ganze Leben (M. IX. 101); aber ſie wird vom Manne
nicht verletzt, wenn er noch eine andere Frau nimmt, während
die Frau auch nach dem Tode des Mannes ſchicklicher Weiſe
nicht wieder heirathen darf. Ihm in den Tod zu folgen, war
ſie aber damals noch nicht verpflichtet; nur der ideale Keim
der ſpäteren ſcheußlichen Sitte der Wittwenverbrennung wird
in der geſetzlichen Vorſchrift ſichtbar, daß nur der Mann die
Frau in den Himmel nachziehen könne. Die ganze Macht
der Familienſitte und der Erziehung wird überdem benutzt,
um die noch empfängliche und bildſame Jugend ·mit dem
Kaſtengeiſte zu erfüllen und in die feſte Kaſtenform einzuleben
und auszubilden. Am zehnten oder zwölften oder ſonſt einem
günſtigen Tage nach der Geburt wird dem Kinde, je nach
der Kaſte, der geeignete Name verliehen. Die beiden Namen
der Brahmanenkinder bedeuten göttlichen Segen und Glück,
die des Kſhatriha Macht und Schutz, des Vaisja Reichthum
und Freigebigkeit, die des Sudra Demuth und Dienſt (M.
1. 30 ſ. Yajn. 1. 13.) Damit erhält jeder für ſein Leben
den Stempel der Kaſte, der er zugehört und die Richtung
ſeines Berufs.

In den erſten Jahren verbleibt das Kind in dem elter-
lichen Hauſe; aber ſpäter werden die Knaben aus den drei
obern Kaſten der Leitung eines brahmaniſchen Erziehers anvertraut. Dieſe Schule beginnt in der Wohnung des Brahmanen
mit einer feierlichen Einweihung, welche als zweite Geburt
geehrt wird, für den Brahmanen je nach der frühern Entwicklung ſchon im achten bis fünften, für den Kſhatriya im
eilften bis ſechsten, für den Vaisja im zwölften bis ſechsten
Altersjahre. Dann erhält der gereinigte Knabe, der nun das
wirkſame Gebet Savitri erlernt, den dreifachen Gürtel und
die heilige Schnur, je nach der Kaſte von verſchiedenem Stoff,
und während der Bambusſtab der Brahmanen bis an den
Scheitel des Haupthaares reicht, darf der Stock des Kſhatriya
nur bis zur Stirne und der des Vaisja bis zur Naſenſpitze
reichen. Der geiſtige Vater Guru wird von den Zöglingen
aufs höchſte verehrt, höher ſogar als der leibliche Vater, denn
die erſte Zeugung durch die Eltern wirkt nur menſchlich bis
zum Tode, aber die zweite Geiſteszeugung wirkt ewig in
dieſer und in jener Welt (M. II. 146. f.). „Der Guru iſt
das Bild Brahmas, der Vater iſt das Bild des Schöpfers
(Pradja-pâti), die Mutter iſt das Bild der Erde und der
Bruder iſt das Bild der eigenen Seele“ (M. II. 225). Daher
dürfen ſie niemals gering geſchätzt werden, beſonders die drei
erſten Perſonen haben auf Ehrerbietung Anſpruch. „Wer die
Mutter ehrt, dem ergeht es wohl auf Erden, wer den Vater
ehrt, dem iſt die lichte Zwiſchenwelt über der Erde hold, wer
den Guru ehrt, dem öffnet ſich die Welt Brahmas“ (M. II.
233). „Wer auf ſeinen Erzieher ſchmäht, der wird als
Eſel wiedergeboren, wer ihn verläumdet, als Hund, wer

ihn bestiehlt, als Insekt, und wer ihn beneidet, als Wurm"
(II. 201).

Das Studium der Eingeweihten ist zu großem Theile
Gebet, Reinigung, Ceremonie, Beherrschung der Sinne und
jener merkwürdige Selbstmagnetismus, die geheime Kunst der
Brahmanen, durch fortgesetzte Wiederholung des heiligsten
Wortes Om die Seele zu sammeln, den Geist zu erleuchten
und Brahmas inne zu werden (M. II. 70—87. 117). Sehr
lange dauert die Studienzeit, gewöhnlich bis der Zögling sich
verheirathet und nun Hausvater wird, je nach Umständen
36, 18, 9 Jahre lang; zuweilen bleibt der Jünger bei seinem
Meister, so lange dieser lebt. Erst bei dem Austritt aus
der Erziehung wird der Guru von dem Schüler nach Ver=
mögen honorirt. Vorher zu geben und zu empfangen, ist
unschicklich. Der Hausvater nun erscheint wieder in der Tracht
der Kaste, der Brahmane in weißem Gewand, mit goldenen
Ohrringen und dem langen Bambusstock, mit geschorenem
Haupthaar und Bart, mit geschnittenen Nägeln, ruhig=bemessenen
Ganges, jede Berührung des Unreinen meidend, nur reine —
unter diesen aber, wenn er will, auch gewisse Fleischspeisen
genießend, selber rein in Körper und Geist, Nichts unternehmend
was er nicht selber, ohne Dienste der anderen, zu vollbringen
vermag, allezeit freigebig, nie geizig, der Tugend und Erkennt=
niß, der Lehre und dem Opfer geweiht. (IV. 34 f.) „Aber
die Wirkung seines Opfers wird ausgelöscht durch die Lüge,
das Verdienst der Askese durch die Eitelkeit, und die Frucht
der Wohlthat wird durch Berühmung verdorben". (IV. 237.)
Nur die Tugend begleitet die Seele nach dem irdischen Tode
durch die Finsterniß und umgibt sie mit himmlischem

Lichtglanz. (IV. 241 f.) Das Wort bestimmt alle Dinge, aus dem Worte geht die Schöpfung hervor. Daher befleckt das unwahre Wort den Brahmanen. (IV. 255. 256.)

Im höheren Alter zieht sich der Brahmane auch von den Geschäften des Hausvaters zurück, indem er seinem Sohne die Sorge für das Haus überläßt und richtet seine Gedanken alle auf die Reinigung und Erleuchtung seiner Seele, und auf die Einigung mit dem höchsten Wesen. (IV. 257. 258.) Nach den einen vermuthlich älteren Stellen des Gesetzes verbleibt er noch in seinem Hause, während andere spätere Gesetze ihn zu strengerem Leben in einer Einsiedelei des Waldes ermahnen. Im Walde nährt sich der fromme und greise Einsiedler Muni nur noch von wilder und reiner Pflanzenspeise, läßt Haare, Bart und Nägel wachsen, bedeckt sich mit einem Gazellenfelle und schläft auf der Erde am Fuße eines Baumes. Da sucht er alle sinnlichen Verlangen zu ertödten, nur dem Ewigen zugewendet, an die Weltseele denkend, unbekümmert um alles Andere. (IV. 1—32.) Zuletzt wird diese Abschließung von der Welt noch gesteigert in den Zustand des Heiligen, der allen Verkehr mit den Menschen vermeidet und in Gedanken an die Wiedergeburt und die Weltseele völlig einkehrt in Brahma. (IV. 33. f.)

Das sind die vier Lebensstufen für den Brahmanen. In der Jugend ist er Schüler, im mittleren Mannesalter, welches ungefähr über die Hälfte seiner Lebenszeit sich erstreckt, wirkt er als Hausvater und Lehrer. Im Greisenalter wird er Einsiedler und sinnenloser Heiliger, und erreicht so das Ziel seines Strebens, die Einigung mit Brahma.

Wie ist nun diese merkwürdige Kastenordnung entstanden?

Das Gesetzbuch und der Glaube der Indier antworten durch Brahmas stufenweise Menschwerbung. Aber wir wissen, daß es noch keine Kasten gab, als die indischen Arier mit den iranischen Ariern noch dieselbe ältere Heimath nördlich vom Himalaja bewohnten. Die Neigung, innerhalb einer Nation ständische Unterschiede zu beachten, und familienmäßig fortzupflanzen, ist allen alt-arischen Nationen gemeinsam. An jener Gliederung der Stände entwickelt sich ihre politische Begabung, in dieser Werthschätzung der Ueberlieferung des Bluts und der Sitte offenbart sich ihr starker Familiensinn. Die indischen Arier allein oder fast allein haben diese ständische Ordnung, welche überall sonst der Umbildung der Geschichte anheim fällt, welche sie hervorgebracht hat, und Uebergänge eröffnet von einem Stande zum andern, zu einer ewig unveränderlichen Kastenordnung verhärtet, welche als ursprüngliche Schöpfung von der menschlichen Geschichte unabhängig bleibe, und alle in der Kaste geborenen Menschen für immer an dieselbe fessle. Es ist an sich wahrscheinlich, daß es auch unter den indischen Ariern früher Stände, als Kasten gegeben habe, und wird überdem durch den Namen zweier Kasten bestätigt, indem der iranische Kriegerstand ebenso Xatra und der iranische Stand der Landwirthe Vaisja heißt, wie die indischen Kasten der Kshatriyas und Vaisjas. Die Kaste der Subras aber konnte erst hinzutreten, nachdem die indischen Arier vom Indus her ihre Herrschaft über die Gangesländer ausgedehnt, und die dortigen dunkelfarbigen Urbewohner, eben die Stämme der Subras ihrer Herrschaft unterworfen hatten.

Gerade diese Besiegung und Beherrschung der dunkelfarbigen Ureinwohner durch die weißen indischen Arier mußte

zuerst auf den Gedanken der Kaste führen, im Gegensatz zum
Stande. Nun standen sich in Einem Land zwei verschiedene
Menschenrassen gegenüber, zwischen denen es keine Vermittlung
gab. Die Arier insgesammt fühlten sich den Sudras in
jeder Weise überlegen durch ihre Sprache, ihre Bildung, ihre
Religion, ihre edlere Körpergestalt, ihre lichte Körperfarbe, durch
ihre Kriegsmacht, durch ihre Gesetze. Die einen waren die
geborenen Herren, die anderen die geborenen Diener. Nur
mit Abscheu konnte die weiße Rasse an eine Vermischung denken
mit den Schwarzen. Die beiden Rassen waren mit Naturnothwendigkeit geschieden, wie Tag und Nacht, wie Licht und
Finsterniß. Das war nicht das Werk menschlicher Geschichte
und Einrichtung, dieser Gegensatz war das Gesetz der Schöpfung.
Die Farbe Varna war das sichtbare Zeichen des ewigen
Unterschiedes; und Varna, d. h. Kaste wurde er jetzt
genannt.

So hat die erste Bildung des Kastenbegriffs allerdings
eine natürliche und dauernde Grundlage. In gewissem
Sinne wiederholt sie sich überall da, wo so völlig verschiedene
Menschenrassen in einem Lande sich begegnen. Da lagern sich
die Rassen gleichsam wie verschiedene Gesteinschichten über
einander, indem die Rassegenossen sich verbunden fühlen und
sich von den Rassefremden, die mit ihnen zusammen leben als
eine andere Menschenart scheiden. Die weiße Rasse behauptet
immer mindestens thatsächlich ihre Ueberlegenheit über die
dunkelfarbige Rasse und betrachtet die Vermischung mit derselben wie eine Trübung und Erniedrigung ihrer edleren Anlage. In dieser Weise sind wohl auch in dem alten Aegypten,
wo ebenfalls eine herrschende weiße Bevölkerung die dunkel-

farbigen Ureinwohner an Ansehen, Bildung und Macht über-
ragte, die ersten Kasten entstanden und heute noch finden wir
in amerikanischen Staaten eine kastenmäßige Scheidung der
weißen Rasse von europäischer Abkunft von den rothen In-
dianern und von den schwarzen Afrikanern.

War einmal in Indien dieser schroffe, in dem Gesetzbuch
hervorgehobene Rassenunterschied zwischen den Ariern und den
Sudras als Kaste anerkannt, dann konnte allmählich diese
Vorstellung auch auf die hergebrachten arischen Erbstände übertragen werden. Der Gegensatz der aristokratischen höheren
Stände, welche als Priester, Fürsten und Krieger sich auszeichnen, und der schlichten Volksmenge, des Demos, welche den
wirthschaftlichen Berufsarten zugewendet sind, war bei den
arischen Völkern ohnehin von jeher schroff ausgebildet. Der
Stolz der Erstern wurde leicht geschmeichelt durch den Gedanken, daß auch dieser Vorzug auf einer göttlichen Natur-
ordnung beruhe. Auch mochte in den obern Classen die Eben-
bürtigkeit der Ehe und der Adel des Bluts sorgfältiger erhalten
worden sein und die Hirten, Bauern und Handwerker sich eher
mit Personen von nicht-arischer Abkunft vermischt haben, so
daß selbst die äußere Erscheinung der oberen Kasten heller
und edler und daher in höherem Grade arisch (ἄριστοι) erschienen. Die Sanskritsprache hat die Erinnerung auch an
diesen Urgegensatz bewahrt. Auch die dritte Kaste wird ârja
ehrbar genannt, aber die aristokratischen Kasten gelten als
ârja, hochwürdig.

Das Alles ist nicht auffallend und leicht zu erklären.
Aber in höchstem Grade auffallend erscheint die schroffe Scheidung
der Brahmanen und der Kshatriyas und die räthselhafte Er-

4

hebung jener über diese, welche dem indischen Kastenwesen einen so einzigen Ausbruck gegeben hat. Auch andere arische Völker hatten ihre Priester und ehrten sie hoch, aber kein einziges — auch die Kelten nicht — hat die Priestergeschlechter über die Königsgeschlechter gesetzt, wie das in der indischen Kastenordnung geschehen ist. Dieser Vorzug wird um so räthselhafter, wenn wir uns erinnern, daß es auch unter den indischen Ariern eine Vorzeit gegeben hat, in welcher der Priester und der Kriegsadel familienmäßig verbunden waren und wie bei den alten Germanen der eine Fürstensohn sich den Studien zuwendete und Brahmane wurde, und sein Bruder die Kunst der Waffen erlernte und Kshatriya ward. Die alten Sagen wissen davon zu erzählen. Ueberdem kennen die Veden, älter als das Gesetzbuch Manus, die kastenmäßige Erhebung der Brahmanen noch nicht, wie denselben überhaupt die abgeschlossene Kastenordnung der späteren Zeit noch nicht bekannt ist. Im Gegentheil wir finden in uralten Vedenbetrachtungen die Verherrlichung des königlichen Kshatriya sogar über den Brahmanen. Eine solche des weißen YazurVeda läßt zu e r s t die herrliche Gestalt des Kshatriya aus dem leuchtenden Brahma hervorgehen und verkündet: „Nichts ist höher als der Kshatriya; deßhalb steht der Brahmane bei dem Ragasuyaopfer unter ihm und verehrt ihn", und fährt dann fort: „Der Ursprung der Kshatriya ist derselbe wie der Ursprung der Brahmanen".

Die Erscheinung erklärt sich nicht aus einer ursprünglichen theokratischen Priesterherrschaft, aus welcher sich dann später ein unpriesterliches Königthum mit höherer Macht aber von geringerer Weihe und Göttlichkeit abgezweigt hätte. Die indischen Arier sind von ihren Fürsten geführt als Eroberer

in das Land gekommen und die alte Ueberlieferung und Helden=
sage räumt noch den Königen unbedenklich den höchsten Rang
ein vor den Priestern. Erst später gelingt es diesen, in der
Kastenordnung über jene empor zu steigen. Nicht etwa nur
der Weiseste und der Frömmste der Brahmanen wird höher
gewerthet, sondern jeder Brahmane, auch der, welcher dem
Könige dient, selbst der unmündige Knabe, sogar das neugeborene
Brahmanenkind. „Ein Brahmane von 10 Jahren und ein
Kshatriya von hundert Jahren müssen sich als Vater und
Sohn betrachten und der Brahmanenknabe ist von dem greisen
Kshatriya wie der Vater von dem Sohne zu verehren"
(M. II. 135). Es handelt sich also hier nicht um einen
Rangstreit des geistlichen Amtes mit dem weltlichen Amt
nicht einmal um den Vorzug der priesterlichen Weihe vor dem
ungeweihten Laienstand, sondern um die fortdauernde Erhebung
der priesterlichen Geschlechter über die fürstlichen
und Kriegergeschlechter, des Brahmanenbluts über das
Kshatriyablut. Dadurch unterscheidet sich denn auch sehr klar
der Kastenvorzug der Brahmanen von der priesterlichen Ueber=
ordnung des christlichen Klerus über die weltliche Laienordnung
im Mittelalter.

Diese gewaltige Umgestaltung der früheren Stände läßt
sich auch nicht genügend aus der Wichtigkeit und Schwierigkeit
theils der Gebetsformeln theils der Opfergebräuche erklären,
deren vorzugsweise die Brahmanen kundig waren. Weßhalb
denn konnte ein Fürstensohn, der in dieselbe Schule ging, diese
Formeln und Ceremonien nicht ebenso gut erlernen als der
Brahmanensohn? Das Priesteramt war auch bei den iranischen
Ariern schwer und einflußreich; und dennoch behaupteten

4*

die iranischen Könige ohne Mühe ihren Vorrang vor den Magiern, deren Opfer, Gebete, Reinigungen und Zaubermittel sie nicht entbehren konnten. Die indischen Kshatrias wagten ohne Furcht, mit ächt=arischem Selbstgefühl, den offenen Kampf mit den Göttern selbst zu bestehen, wenn sie sich in ihrem Rechte wußten. Der Stolz des Kshatrya, der mit den Göttern rang, war daher sicherlich nicht bereit, um der Gebete und Ceremonien willen, welche die Brahmanen besser verstanden, sich vor diesen für alle Ewigkeit mit seinem ganzen Geschlecht zu bemüthigen. Das allmähliche Wachsthum der erblich ge= wordenen Würde eines königlichen Hauspriesters und Für= bitters, des Purohita, an Ansehen, Einfluß, Gebetsmacht und Autorität mag wohl dazu beigetragen haben, die Bedeutung des Brahmanenstandes überhaupt zu heben und zu befestigen. Aber die bleibende Erhebung desselben über den Fürstenstand ist eine viel zu große und umfassende Wirkung, als daß sie aus so kleiner und enger Ursache hervorgehen konnte. Die Brahmanenkaste ist nicht auf die Nachkommenschaft der Puro= hitas beschränkt, und nicht geringer als die Hauspriester der Könige werden in der Kastenordnung die selbständigen Brah= manischen Hausväter und Lehrer geschätzt, die Einsiedler und Waldheiligen aber noch höher geachtet. Wäre das Amt und die Kunst des Purohita die Haupturfache der brahmanischen Erhebung, so müßte sich das auch in der Art des Vorzugs zeigen. Allein weder das Princip noch die äußere Form des Vorzugs weist darauf hin.

Noch weniger freilich kann man diese Erhebung aus den kleinen Mitteln der Intrigue und der priesterlichen Schlau= heit, aus den Trieben des priesterlichen Hochmuths und

priesterlicher Herrschsucht, auch nicht aus dem Aberglauben der
Massen erklären, welche blinblings dem Rufe ihrer Priester
gehorchten, als sie aufgerufen wurden, die Könige vor den
Brahmanen zu bemüthigen. Ohne Zweifel wirkten auch die
menschlichen Leidenschaften und Schwächen dabei mit, aber sie
erklären nicht den großartigen geistig begründeten Vorgang
und die mächtige auf die Ewigkeit zielende Wirkung. Nur
wenn eine Umstimmung der Geister voranging und neue
Ideen sich der Gemüther bemächtigten, war eine so tief=
greifende und so nachhaltige Wandlung möglich. Nur die
stärkste Ursache konnte sie bewirken. Eine stärkere aber gab
es nicht, als die Religion. Eine neue religiöse Idee von
höchster geistiger Kraft, eine neue Religion kann daher am
ehesten diese Erhebung der Brahmanen und damit zugleich die
Vollendung der Kastenordnung erklären. So ist es in der
That.

Die alte Religion der indischen Arier war wie die
der übrigen alt=arischen Nationen wesentlich Naturreligion.
Ihre Götter waren Naturgötter. Die gewaltigen Naturkräfte,
welche dem noch rohen Menschen bald übermächtig entgegen=
treten, bald heilbringend zu Hülfe kommen, erscheinen ihm als
göttliche Mächte und die kindliche Phantasie bildet sie zu gött=
lichen Personen aus, welche Verehrung fordern, mit denen aber
der muthige Mensch auch zuweilen ringen und kämpfen darf.
Bald sind es Elementarerscheinungen, wie das Feuer, das sie
als Agni preisen, bald das Wasser und das weite die Erde
umfließende Meer, das als Varuna verehrt wird, oder der
wilde Orkan, der Alles vor sich niederwirft, Rudra, dann
die dunkle Macht des Todes, Yama, ferner die belebenden

Gestirne, vor allen die leuchtende und zeugende Sonne, Mitra, der Mond, Soma u. s. f. In dieser zahlreichen und mannig= faltigen Götterwelt tritt allmählich Indra, als der stärkste und mächtigste der Götter siegreich und ordnend hervor und erhebt sich zum Könige der Götter, ganz ähnlich wie der griechische Zeus, der lateinische Jupiter, der germanische Woban. Durch Indra, der sich in dem Firmament, dem Himmel spiegelt, kommt Einheit und Ordnung in das Reich der Götter und er unterwirft die wilden dämonischen Kräfte dem neuen Götterstaate. An diese Naturgötter werden die Hymnen und Gebete gerichtet, welche in der Sammlung der Veden aufbewahrt sind, ihnen werden die heiligen Opfer von den Priestern und Hausvätern dargebracht.

So lange diese ältere Religion in voller Geltung war, so lange war der Kastenvorzug der Brahmanen vor den Fürsten ganz undenkbar: denn Indra, der König der Götter, ist zugleich der Gott der Könige. Indem sich die Könige auf den Thron setzen, besteigen sie Indras Stuhl. In ihnen erscheint die Stärke und Macht Indras, dessen Abbild sie sind, sichtbar unter den Menschen, ganz so wie die hellenischen Könige den Scepter von Zeus bekommen und die alt=germanischen Fürsten ihr Geschlecht von Woban ableiten. Damals schon gab es Brahmanen, Weise, Beter, Opferer von Beruf, aber der Gott der Brahmanen war Soma, der sich vor Indra beugte, wie die alten Brahmanen vor dem Könige.

Nun aber fingen einzelne Weise und Priester tiefer nachzudenken über die Erscheinungswelt der Natur, und die Ahnungen, welche auch in den frommen Hymnen der Veden einen halbbewußten Ausdruck gefunden, gründlicher zu erforschen, sie begannen die Existenz der geglaubten Götter schärfer zu prüfen und dem göttlichen Urwesen ernster nachzusinnen. Wir wissen nicht, wer unter ihnen zuerst den mächtigen Lichtgedanken des **Einen göttlichen Urwesens** erkannt und ausgesprochen und das **Eine unsichtbare, gestaltlose, unbegränzte, ewige Brahma** als die letzte und tiefste Ursache aller Erscheinungswelt, der sinnlich wahrnehmbaren Elemente und der Gestirne, der Götter, Dämonen und Menschen, der Thiere und der Pflanzen zunächst den weisen Denkern und den frommen Betern seines Standes verkündet hat. Vielleicht ist der Name dieses genialen Denkers unter den zehn gefeierten Namen von höchsten Weisen zu finden, welche Manu in dem Gesetz= buch seine Söhne nennt, denen er, „der Schöpfer der Welt", die Erkenntniß geoffenbart hat, vielleicht Vasisht=ha oder Bhrigu, deren Namen auch sonst in der Geschichte genannt und hoch= geehrt werden. Ohne Zweifel war dieser erste große Erfinder der Brahmaidee selber ein Brahmane und die neue Lehre wurde zuerst ausschließlich in den Kreisen der Priester und Weisen ausgebildet. Der **neue geistigere Gottesglaube** war so das alleinige Werk des Brahmanenstandes und die ausschließliche Lehre der Brahmanenschulen.

Die Gedankenreihe, welche zu der neuen Gottesidee führte, war folgende: Alles was Gestalt hat, und Alles was von den Sinnen wahrgenommen wird, ist wandelbar und ver= gänglich, nicht ewig. Nur das Gestaltlose, Unsichtbare, den Sinnen nicht Wahrnehmbare kann ewig sein. Nur in diesem ist die Ursache von jenem zu suchen. Das Vergängliche kann nicht das Unvergängliche hervorbringen, aber in dem Vergäng= lichen entfaltet das Ewige die ihm inwohnenden Kräfte. In der sichtbaren Natur ist innerer Zusammenhang und Einheit; die fünf indischen Elemente, in denen die Urstoffe offenbar werden, der feine Aether, dessen Dasein nur das Ohr in dem Schall bemerkt, die Luft, welche gefühlt und gehört wird, das Feuer, welches hörbar, fühlbar und sichtbar ist, das dichtere Wasser, welches überdem von dem Geschmack empfunden wird, und endlich die dichteste Erde, die allen Sinnesorganen wahrnehmbar ist, sind mit einander verbunden; sie sind nur verschiedene Entfaltungsstufen desselben Wesens. Alle diese Erscheinungswelt ist nicht von Ewigkeit her, sie ist geworden aus dem Einen ewigen Urgrund, welcher von den Sinnen nicht wahrgenommen werden kann. Nur dem Geiste, der sich abwendet von allem Sinnlichen und sich sammelt in sich, der ungestört von allen äußern Eindrücken, gereinigt von allen irdischen Begierden in frommem Sinnen und Denken ausschließlich nach dem Ewigen trachtet, wird dieses unerschaffene Brahma wahrnehmbar, das als Nichtseiendes und als Seiendes zugleich gedacht wird, „das durch sich selbst besteht" (M. I. 6), aus dessen Entfaltung alles geworden ist, was ist.

Dieses Brahma, ursprünglich in unburchdringliches Dunkel gehüllt, hat sich selber allmählich geoffenbart. Aus ihm ist der schöpferische männliche Urgeist (Purucha), der Urvater Brahma hervorgetreten, als Licht in der unerforschlichen Finsterniß. Es schwebte der Geist während Aeonen sinnend über den Wassern, und ward deßhalb Narajana genannt (M. I. 10). Endlich spaltete sich das Urwesen, das gleichsam in einem Weltei zusammengeschlossen war, nach Ablauf eines Brahmajahrs, und es schieden sich die männliche und die weibliche

Seite. Dann verbanden sich diese beiden Seiten wieder und aus ihrer Einigung entsprangen neue Gestalten; von Zeit zu Zeit nahm das Weibliche eine neue Form an, einen neuen Körper, und immer nahte sich ihm der männliche Brahma in entsprechender neuer Gestalt und der Geist in seiner Vermählung mit dem Leibe, das Männliche mit dem Weiblichen, erschuf wiederum neue Geschöpfe. Der höchste Verstand (manas), „der ist und doch für die Sinne nicht ist“, bildete sich aus und es entstand das „Selbstbewußtsein“ (ahankâra, Ichbewußtsein), das seinen Rath gibt und Alles leitet (M. I. 14). In dieser Weise wurden die Elemente sinnlich erkennbar gemacht, Himmel und Erde gebildet und der Himmel mit Göttern und Genien, die Erde mit Menschen und Thieren bevölkert. Indem Brahma lebt, offenbart er sich selber in seinen Schöpfungen. So wird die Welt, die vielgestaltige Erscheinung Brahmas, in großen Weltperioden, den langen Brahmajahren, deren jedes mehrere tausend Menschenjahre umfaßt, aus dem Weltei, das Brahma erwachend getheilt hat, mannigfaltig fortgebildet und in der Welt Brahma auch den Sinnen wahrnehmbar. Die Welt ist die Erscheinung Brahmas.

Vor diesem großen Gottesgedanken konnten die alten Naturgötter nicht bestehen. Selbst Indra, der Götterkönig, vermochte sich nicht mehr selbständig zu behaupten. Sie wurden alle aufgelöst in dem Einen geistigen Brahma, dessen wechselnde Erscheinung sie waren. Diese logische Folgerung blieb den brahmanischen Denkern nicht verborgen. Sie sprachen sie selber aus. Eben das bedeutet das wunderbar heilige Wort Om, mit welchem jeder Gott bezeichnet werden kann, denn jeder Gott ist nur ein Theil, eine einzelne Ausstrahlung des

Einen Seins, deſſen was (ewig) iſt (tat ſat), des Om (Rigveda). Auch Brahma kann Om benannt werden und Nichts hindert, mancherlei andere Namen für die große Welt= ſeele zu wählen, ſo Mahan Atma (das große Athmen), Progapati (Vater der Schöpfung) u. ſ. f.

In ſich ſelbſt, in der Höhle des Herzens entdeckt der tief ſinnende Brahmane dieſen göttlichen Geiſt in ſeinem eigenen Geiſt. Der menſchliche Körper iſt das Abbild des Weltkörpers, in den Gliedern der Menſchen und ihren Verrichtungen ſpiegeln ſich die Naturgötter ab, die als dieſelben Kräfte in dem Weltall wirken; und welche die einen als Agni, die andern als Soma, dritte als Indra verehren. Aber in dem Geiſt des Menſchen wird der Weltgeiſt erkannt, der feiner iſt, als ſogar der Aether, in dem ſich alle Götter verſammeln, aus dem alle Erſcheinung hervorgeht, welche aus der Geburt heranwachst und dann wieder vergeht, wie ein Rad, das ſich um ſeine Are drehend fort= bewegt. „Indem der Menſch in ſeiner Seele der Weltſeele bewußt wird, gelangt er zu höchſter Seligkeit und wird zuletzt Eins mit Brahma" (M. XII. 118—125).

Die pantheiſtiſche Lehre der Brahmanen unterſcheidet nicht ſcharf zwiſchen Gott und den Geſchöpfen, ſo wenig als zwiſchen Gott und der Natur. „Der Brahmane verwirft den, der ihn für etwas Anderes hält als den Geiſt, der König verwirft den, der ihn für etwas anderes hält als den Geiſt; die Elemente ver= werfen den, der ſie für etwas anderes hält als den Geiſt. Dieſe Brahmanen, dieſe Kſhatriyas, dieſe Welten, dieſe Götter, dieſe Elemente, dieß All — iſt dieſer Geiſt" (Brihad= Upaniſchad zum weißen Yagur=Beda II. 4, 6).

Diese gewaltigen Gedanken waren der bisherigen Natur=
religion in jeder Weise überlegen und mußten in den Kreisen,
in welchen sie verstanden und aufgenommen wurden, eine un=
geheure Wirkung hervorbringen. Das Selbstbewußtsein der
Brahmanen ward von der neuen Gottesidee gewaltig gehoben.
Was hatte alle irdische, sichtbare Größe zu bedeuten, wenn mit
ihr die geistige Größe solcher Gotteserkenntniß verglichen ward.
Selbst die vergängliche Fürstenmacht schien nur ein geringes
Gut, wenn sie mit dem Maßstabe der Entfaltung Brahmas
von Ewigkeit her gemessen ward. Die Weisheit war gött=
licher als die Macht, denn die Weltseele war der Urgeist, und
die Brahmanen waren nun in stolzerem Sinne die Söhne
Gottes als die Kshatriyas, denn in jenen hatte Brahma seinen
Geist, in diesen nur seine Stärke geoffenbart; jene waren
aus seinem Munde, diese nur aus seinen Armen entsprungen.
Das Brahmanenleben war offenbar dem Höchsten geweiht, den
Brahmanen zunächst war die Aussicht eröffnet, durch die
Wissenschaft und religiöse Uebung in Brahma einzugehen und
Brahma zu werden. Es kann nicht mehr befremden, daß nun
die Brahmanen als Stand sich abschlossen und den höchsten
göttlichsten Rang ansprachen in der Weltordnung, in der sich
Brahma entfaltet. Auch die reinsten und frömmsten Brah=
manen konnten nicht im Zweifel sein über das ideale Recht
dazu.

Es ist wahrscheinlich genug, daß die Kshatriyas anfangs
von diesem neuen Anspruch betroffen und keineswegs geneigt
waren, das willig zuzugestehen, was ihnen zuerst wie
eine hochmüthige Anmaßung der Priester vorkam. Ohne große
innere Kämpfe war eine so durchgreifende Umgestaltung nicht

durchzuführen. Wir finden in den indischen Heldensagen noch
manche Spuren solcher Kämpfe, die nicht immer mit dem Worte,
die zuweilen auch mit dem Schwerte geführt wurden. Die
Könige und der Kriegsadel waren wohl überlegen an äußerer
Macht und Stärke, aber weit schwächer in dem geistigen
Bewußtsein und in der moralischen Energie. Der idealen Begründung und Folgerichtigkeit der brahmanischen Lehre wußten
sie so wenig eine eben so mächtige Idee entgegen zu setzen
als im Mittelalter die germanischen Fürsten dem römischen
Klerus, welcher die Kirche als das Reich der Geister über den
Staat als das Reich des Leibes und den Stand der geweihten
Priester hoch über die Laienwelt erhob. Und womit war der
Stolz der Brahmanen zu bändigen, die sich Eins mit Brahma
wußten und alle Güter verachteten, die man ihnen nehmen
konnte, die verbannt in den Wald zogen und da nur eine
höhere Stufe der Heiligkeit erstiegen, und von dem Volke
um so eifriger verehrt wurden? Machte die Gewalt sie zu
Märtyrern, so gab sie ihnen die Gelegenheit, die Tugenden
der Entsagung und des Opfermuths um so glänzender leuchten
zu lassen, und die Verfolgung der Brahmanen endigte in ihrem
moralischen Triumph. Der Segen, den die Brahmanen spen-
deten, erfreute die Gemüther auch des Volks und der Fluch,
den sie aussprachen, schreckte die Menge. Die Autorität des
Glaubens und die Macht des Aberglaubens waren starke
Waffen, die sie allein zu führen verstanden. Wenn Mißwachs
oder anderes Unglück über das Land kam, so schien das ein
Strafgericht des göttlichen Zorns, welches von den beleidigten
Brahmanen herbeigerufen worden. Nur wenn die Brahmanen
versöhnt wurden, leuchtete die Gnade des Himmels wieder dem

Fürsten und seinem Volk. In dem lieblichen Gedichte von
der Königstochter Santa, welche den Brahmanensohn Rischjas=
ringa aus dem Walde in die Stadt verlockt und den Fluch
des erzürnten Einsieblers schließlich in Segen verwandelt, hat
der Dichter, freilich nicht ohne einen Anflug von un=
gläubiger Jronie, die Erinnerung an derartige Kämpfe auf=
bewahrt.

Zuweilen mochten die Brahmanen auch die untern Massen
wider die kriegerische Aristokratie aufregen, wie nach der
Sage der hochberühmte Vasisht'ha mit seiner Zauberkraft aus
der barbarischen Urbevölkerung ein Heer erschuf, mit dem er
seinen großen Gegner, den König Viçvamitra überwand. Oder
sie wußten einzelne Könige für sich zu gewinnen und mit
deren Kriegshülfe ihre Autorität auszubreiten, wie nach einer
andern Sage der fromme indische Held Rama die feindlich
gesinnten Kshatriyas erschlug und das Land im Opfer den
Brahmanen schenkte.

Der endliche Sieg blieb im Großen und Ganzen,
zumal in den Ländern am Ganges, weniger in den ältern
Wohnsitzen des sogenannten Fünfstromgebietes, dessen Gewässer
in dem Indus zusammenfließen, den Brahmanen. Aber
sie waren klug genug, die Consequenz ihrer neuen Lehre nicht
auf die Spitze zu treiben, und sich in der thatsächlichen Durch=
führung ihrer Ausprüche zu mäßigen. Die äußere Staats=
macht, die Gerichts= und Kriegshoheit, die ganze Leitung des
Volks und der Glanz der fürstlichen Herrlichkeit blieb den
Kshatriyas unversehrt. Die Brahmanen verzichteten auf
die wirkliche Herrschaft. Sie hatten keine Hierarchie und
gründeten keine Kirche, welche sie dem Staate an die Seite

stellten oder überordneten. Sie dienten unbedenklich den
Königen als Räthe und nicht bloß als Gewissens-, ebenso als
Rechts- und politische Räthe, als Richter und Minister in
wirklicher Beamtenstellung neben und mit dem Kriegsadel.
Sie unterwarfen sich sogar dem Königsgerichte, wenn einer
von ihnen eines Vergehens angeklagt wurde und erduldeten
die Strafe des Gesetzes. Sie fügten sich in die indische
Staatsordnung und nahmen Theil an den Arbeiten für das
Landeswohl. Hinwieder wurden sie nun von den Königen
als der höchste Adel, als die geistigen Väter der Menschheit,
als die oberste göttlichste Kaste anerkannt und verehrt. Die
Spuren der wechselseitigen Zugeständnisse und des endlichen
Friedensschlusses zwischen den beiden obersten Ständen sind
in Manus Gesetzgebung: „Die Kshatriyas, heißt es darin,
können nicht gedeihen ohne die Brahmanen, und die Brahmanen
nicht geehrt werden ohne die Kshatriyas; indem sie sich ver-
binden, fördern sie sich in dieser und in der künftigen Welt.
Ihnen beiden hat der Herr der Schöpfung die Sorge für das
Menschengeschlecht anvertraut" (M. IX. 322. 327). Die
brahmanische Kastenordnung erwuchs so zum allgemein
anerkannten indischen Grundgesetz.

Die neue Brahmareligion aber blieb die Religion der
geistigen Aristokratie, vorzüglich das Geheimniß der
Brahmanen selbst, in das nur begabtere Geister aus den Kshatriyas, seltener ein Vaisja eingeweiht wurden. Sie wurde
niemals Volksreligion. Den großen Volksclassen war diese
Weltseele, die nur durch scharfes Denken und tiefe Versenkung
des frommen Gemüthes wahrgenommen werden konnte, ein
allzu abgezogener und unverständlicher Begriff. Das Volk

hielt sich daher nach wie vor an die mancherlei sichtbaren Natur=
götter und die Brahmanen selbst fuhren fort, diesen alten Volks=
glauben durch die alten Hymnen und Gebete und die her=
kömmlichen Opfer zu pflegen und zu erhalten. Sie hatten
das Mittel gefunden, um den Widerspruch zwischen den vielen
Göttern des Volks und dem Einen Gotte der Weisen dadurch
in ihrem Geiste und Gewissen zu versöhnen, daß sie den
Einen Brahma in vielen Göttergestalten wieder
erblickten und die mancherlei Götternamen mit dem
Einen Worte Om zusammenfaßten. Die höhere Er=
leuchtung des Brahmagottes blieb so vorzugsweise das Erbgut
der Brahmanen, welche das Sonnenlicht der Erkenntniß nur
in gebrochenen Farbenstrahlen in die tieferen Schichten der
Volksclassen hinleiteten, als Lehrer, Beter und Opferer, deren
Selbstbewußtsein zum Gottesbewußtsein gesteigert war.

III.

Brahmanismus und Buddhismus.

Die indischen Staaten und das indische Königthum. Vorzüge und
Mängel des Kastensystems. Mißkasten. Seelenwanderung. Gegenstoß
gegen das Brahmasystem. Der Kshatriya Siddhârta wird Çakja-muni
und Buddha. Das Nirvâna. Der neue Bettelorden. Mönche und
Laien. Das gute Gesetz der Gleichheit und die untern Classen. Die
Frauen. Nonnenklöster. Universeller Charakter und Ausbreitung des
Buddhismus in Asien. Moral. Liebe. Buddhas Tod. Kampf
zwischen Brahmanismus und Buddhismus in Indien. Buddhistisches
Toleranzedict. Endlicher Sieg des Brahmanismus in Indien, aber
Ausbreitung des Buddhismus in Ostasien. Brahmanische Dreieinigkeit
und Buddhacultus. Ungünstige Wirkung beider Religionen für den
Staat.

Allmählich breitete sich die brahmanische Kastenordnung,
mit Hülfe von Manus Gesetzbuch, über die weite indische Welt
aus. Schon vorher hatte unter den mancherlei indischen
Völkern, die staatlich getrennt waren, eine Gemeinschaft der
Nationalität bestanden. Sie waren alle in ihren oberen herr=
schenden Schichten und selbst in den großen selbständigen Volks=
classen Arier und besaßen eine gemeinsame heilige Sprache
und verehrten die mancherlei Götter mit denselben Hymnen,

Gebeten und Opfern. Nun hatten sie von den Brahmanen auch die Sprache des einigenden Gottesbewußtseins empfangen und in der Kastenordnung gemeinsame Institutionen und ein gemeines Recht erhalten.

Aber die Kastenordnung war breiter angelegt als der indische Staat, und erhob sich in den obersten Regionen über die Krone des Staats hoch empor. Die Kastenordnung war nicht eine Einrichtung des Staats und in dem Staat, sondern der Staat war innerhalb der Kastenordnung. Sie war dem Staate, nicht der Staat ihr übergeordnet. Damit ist aber zugleich gesagt, daß der indische Staat unmöglich zu voller Entwicklung der staatlichen Hoheit und Freiheit gelangen konnte. Bei jedem Fortschritte, den er machen wollte, stieß er auf die Schranken der Kastenordnung, die er weder zu durchbrechen noch zu überschreiten die Kraft hatte.

Ebenso wenig hatte die Kastenordnung eine Scheidung der religiösen und der politischen Gemeinschaft vollzogen. Sie beruhte vielmehr auf der Mischung der religiösen, der moralischen und der Rechtsordnung zu Einer göttlich-menschlichen Weltordnung. Aber sie hatte keine Einheit der Organisation hervorgebracht. Weder ein indisches Kaiserthum, welches die vielerlei indischen Staaten zu einem großen Weltreiche zusammenfaßte; — einzelne Versuche der Art waren unglücklich oder glückten nur halb und nur vorübergehend —; noch eine indische Gesammtkirche und ein brahmanisches Papstthum, wie im Mittelalter die europäische Christenheit in einem christlichen Papstthum ihre Einheit erkannte. In politischer Hinsicht blieb die arisch-indische Nation in eine große Anzahl völlig selbständiger Staaten gespalten, wie Italien bis auf unsere Tage und die deutsche

Nation heute noch; und die ideale Einheit und Gemeinschaft der Sprache, der Litteratur, des Glaubens und des Rechts konnten den Mangel eines sichtbaren von Einem Willen bewegten Gesammtkörpers nicht ersetzen. Um dieses Mangels willen hauptsächlich ist die indische Welt die Beute geworden der fremden Eroberer.

Die indischen Staaten werden ähnlich wie die alt=germanischen entweder von aristokratischem Kriegsadel als kleine Republiken beherrscht oder öfter von erblichen Ge=schlechtskönigen. Der königliche Staat wird in den brahmanischen Gesetzen und von den Dichtern als der höher gebildete, friedlichere, besser geordnete und gesicherte dargestellt. Man darf diese Staaten nicht Despotien nennen, wenn gleich es ohne Zweifel unter den indischen Fürsten auch manche Despoten gegeben hat. Die eigentliche Despotie des Einen berechtigten Herrn über die vielen rechtlosen Unterthanen war durch die brahmanische Religion und das indische Recht ent=schieden verworfen, als eine arischen Völkern unwürdige Regierungsform. Sie war geradezu unmöglich neben der Kastenordnung, denn in dieser nahmen die Brahmanen einen höhern Rang ein als selbst die Könige und es war für den mächtigsten König gefährlich, die religöse und geistige Autorität der Brahmanen zu verachten, ihre Räthe zu verwerfen, ihre Warnungen und Mahnungen zu überhören, ihrem Fluch zu trotzen. Auch der Kriegsadel, obwohl mit der Zeit in größere Abhängigkeit von den Königen gerathen, war eine Macht, welche der König zu beachten genöthigt war. Sie waren ja beide von we=sentlich gleichem Stande. Der Kshatriya, der König war, erkannte in den übrigen Kshatriyas, die ihm dienten, doch seine Pairs.

Wichtige Staatsangelegenheiten wurden auch zuweilen in großen Versammlungen der Brahmanen und Kshatriyas verhandelt und entschieden und der König fragte von seinem Throne herab die anwesenden Weisen und Ritter um ihre Meinung und suchte ihre Zustimmung zu gewinnen. Als Dasarath, der Herrscher von Ajodscha (Aub) die Schwäche des Alters verspürte und die Nachfolge im Reiche ordnen wollte, da versammelte er die Fürsten und Häuptlinge alle und fragte sie an, ob sie seinen erstgebornen Sohn Rama für würdig erachteten, den Stuhl Indras zu besteigen. In dem Rama-jana, dem alten Epos, welches das fromme Heldenleben Ramas schildert, wird das Recht der Versammlung mitzuwirken von dem greisen Könige in vollem Maße anerkannt:

> „Was ich nun so nach meinem Sinn
> beschlossen hab' und ausgedacht,
> das überleget jetzt auch ihr
> und saget, was euch besser scheint.
> Wenn gleich mein Wille jenes ist,
> ihr zieht vielleicht ein andres vor,
> und überlegend finden wir
> ein drittes, das die Mitte hält."

(Walmiki's Rama übers. von A. Holtzmann.)

In diesem und in andern Epen wird oft genug erwähnt, daß die Edeln dem Könige widersprechen und mit ihm über das streiten, was gerecht oder zweckmäßig sei.

Sodann wird in der indischen Weltanschauung auch der Königsberuf wesentlich als Königspflicht betrachtet. Indem Brahma die verschiedenen Classen schuf, gab er jeder derselben einen besonderen Beruf und eine ihr eigene Bestimmung, die zu erfüllen die Pflicht ihres Lebens ist. „Zur Erhaltung aller Wesen erschuf der Herr die Könige, in dem er die Eigenschaft von acht Göttern vereinigte. Der König ist berufen, allen Kasten und allen Lebensordnungen Schutz zu gewähren, auf daß jeder seine Pflicht ungehindert erfülle" (M. VII. 3. 4. 35). Dieser Pflichtcharakter des Königthums wird in den indischen Gesetzen nachdrücklich hervorgehoben und von den indischen Dichtern mit lebhaften Farben geschildert. Das ganze VII. Buch und ein großer Theil des VIII. Buchs in Manus Gesetz ist diesen Pflichten gewidmet, die nach ihren verschiedenen Richtungen mit Bezug auf die Religion, das Recht, die Moral und die schicklichste Lebensweise eines Fürsten im einzelnen dargestellt werden. In diesen und andern Gesetzen von ähnlichem Inhalt sind manche Wahrheiten ausgesprochen, die auch in dem heutigen Europa noch Beachtung verdienen. Obwohl dem Königthum eine besondere, hohe Göttlichkeit inwohnt, so steht dennoch der indische König nicht über dem Gesetz, sondern ist an das Gesetz gebunden, wie es nicht einmal von ihm selber oder seinen Vorfahren kraft ihrer staatlichen Autorität erlassen sondern nur von den Weisen, den Brahmanen kraft ihrer Einsicht in die göttliche Weltordnung ausgesprochen und aufgeschrieben worden ist. Das Gesetz ist von dem göttlichen Geiste erfüllt, und selber ein Gott, es ist nach dem schönen indischen Ausdruck: „der König der Könige". Dem unsinnigen König, welcher ungerechte Tyrannei übt, wird der sichere Verlust des Throns als Strafe in Aussicht gestellt. „Er und seine Verwandten werden zu Grunde gehn" (M. VII. 111).

Vor allem hat der König die Rechts= und Kastenordnung

zu wahren und, wie das Gesetz es bezeichnet, die göttliche Zucht zu üben. Diese Zucht ist ein „König voll Energie, und ein weiser Schirmer des Gesetzes. Sie wacht, wenn Alles schläft. Mit Umsicht und rechtzeitig geübt, sichert sie das Glück der Völker, unbesonnen verwaltet, stürzt sie Alles um. Würde sie nicht die Schlechten treffen, so würden die Starken die Schwachen unterdrücken, wie die Raubfische die schwächeren Fische verschlingen. Ohne die Zucht würden alle Classen dem Verderbniß verfallen, alle Schranken niedergerissen und die ganze Welt geriethe in Verwirrung" (M. VII. 14).

Zur Unterstützung in seinen Pflichten zieht der indische König weise, tapfere, geschäftskundige und treue Männer als Minister bei, mit denen er in allen wichtigen Dingen sich beräth und seine Entschlüsse bildet, nach reiflichem Nachdenken und Erwägen. Er selber soll täglich in stiller Zurückgezogen= heit überlegen, was dem Volke frommt. Land und Volk sind eingetheilt in Gemeinden, Bezirke, Kreise, wie bei den alten Germanen nach der Zehnzahl. Jede Gemeinde hat einen Vorstand, und je 10 Gemeindeammänner sind wieder einem Bezirksbeamten untergeordnet; höhere Beamte sind gesetzt über zwanzig Gemeinden oder über zehn Bezirke u. s. f., je nach der Größe des Landes und dem Bedürfniß des Volks. In den bevölkerten Städten wird die Verwaltung von höheren Beamten geübt: und wiederholt werden die Polizeiwachen erwähnt, welche in den Städten, insbesondere bei Schauspielen, Volksfesten, in den Gast= und Frauenhäusern, an den Kreuz= straßen und in den königlichen Gärten für die öffentliche Sicherheit thätig sind (M. IX. 264 f.). Alle diese Beamten werden wieder beaufsichtigt durch thätige Sendboten, die der

König dazu beauftragt, und der König läßt sich genauen Be=
richt erstatten über alles Erhebliche (M. VII. 114—122).

Auch das Finanzsystem erscheint ausgebildet; und neben
dem Schatz sind regelmäßige Steuern eingeführt. Die Erpressung
habsüchtiger Beamter soll strenge bestraft und die Steuer so
eingerichtet werden, daß jeder dabei besteht und gedeiht. „Wie
die Biene ihre Nahrung nur in kleinen unmerklichen Dosen
sich in den Blumen holt, so soll der König den jährlichen
Tribut seines Landes in kleinen Antheilen beziehen". Von
der Viehzucht und dem Gold= und Silbergewinn erhält er bis
auf einen Fünfzigstel, von den Feldfrüchten, je nach der Art
des Bodens und der Arbeit, die darauf verwendet wird, einen
Achtel bis einen Zwölftel, von Gartenfrüchten und manchen
Gewerbserzeugnissen bis einen Sechstel: von den Handarbeitern,
Taglöhnern und Subras monatlich einen Arbeitstag. Nur
von den Brahmanen darf er Nichts fordern, nicht einmal in
seiner Leibesnoth. Sein Hofgesinde soll er besolden und seinen
Frauen einen bestimmten Gehalt aussetzen. Immer soll er
darauf sehen, daß er nicht die Wurzeln des allgemeinen Wohl=
standes und damit auch seines Wohls zerstöre (M. VII. 124—
139). Die Sorge für die Straßen wird ihm zur Pflicht
gemacht und von dem Verkehr mit Kaufmannswaren wie von
der Ueberfahrt über die Ströme werden Zölle erhoben (M.
VIII. 398 f.)

An der Rechtspflege nehmen je nach Bedarf auch
kundige Männer der Vaisjakaste Antheil, nur nicht Subras.
Als bester Richter gilt aber der Brahmane. Das Gesetzbuch
ordnet die Oeffentlichkeit der Prozeßverhandlung an. Insbe=
sondere werden die Zeugen in Gegenwart der Parteien von

dem Richter vernommen und wohl nirgends in der Welt hat je ein Gesetz den Zeugen eindringlicher an seine Pflicht ermahnt, die Wahrheit zu sprechen. Der Richter eröffnet ihm: „Ein Zeuge, welcher Wahrheit aussagt, wird von Brahma geehrt, er gewinnt in dieser Welt einen guten Ruf und wird in der andern Welt belohnt. Wer aber ein falsches Zeugniß gibt, der fällt in die Schlangenbande Varunas (des Gottes der Gewässer und des Rechts); und unfähig Widerstand zu leisten bleibt er gebunden während 100 Wiedergeburten. Die Seele eines Jeden ist sein eigener Zeuge, sie ist seine letzte Zuflucht. Verachtet nie die Seele, diesen unvermeidlichen Zeugen der eigenen Thaten. Die Schlechten sagen: „Niemand sieht uns"; aber die Götter sehen sie und der Geist sieht sie, der in ihnen ist. Bedenke Mensch', während du zu dir sprichst: „ich bin allein mit mir", wohnt in deinem Herzen der höchste Geist, und ist ein scharfer und stiller Beobachter alles Guten und alles Bösen, was du thust. Dieser Geist ist dein strenger und unerbittlicher Richter" (M. VIII. 79 f.). Ueberdem wurden das falsche Zeugniß und der Meineid mit harten Strafen bedroht. Das Privatrecht erscheint in Manus Gesetzbuch bereits reich an Rechtsbegriffen und wir begreifen es, wenn wir die Bestimmungen desselben über die verschiedenen Vertrags= arten lesen, daß sich eine scharfsinnige Jurisprudenz frühzeitig in Indien entwickelt hat.

Zu seiner Sicherheit erbaue sich der König eine feste Königsburg, in deren Mitte der glänzende Pallast steht, und statte sie aus mit Lebensmitteln, Rüstzeug, Wachen, Räthen und Allem, was erforderlich ist, um hier ungefährdet zu leben und die Regierung zu führen. Ueber die Bildung des Heeres mit seinen Streitwagen und Elephanten, mit der Reiterei und den Fußtruppen, und über die beste Methode einen Feldzug vorzubereiten und durchzuführen gibt das Gesetzbuch ebenfalls manche Vorschriften und Räthe. Tapferkeit und Großmuth sind vorzugsweise Eigenschaften und Pflichten der Kshatriyas. Der barbarische Gebrauch vergifteter oder grausamer Waffen wird verboten und dem Sieger eingeschärft, des Feindes zu schonen, der sich ergibt oder kampfunfähig geworden ist (M. VII. 69 f. 90 f.). Auch die diplomatischen Beziehungen werden aufmerksam beachtet, und erklärt, daß von der Wahl eines Gesandten oft Frieden oder Krieg abhängig sei. „Ein Gesandter kann Feinde wieder nähern, Freunde entzweien und je nach seinem Verhalten wird bald ein gutes Einvernehmen gewahrt, bald ein Bruch herbeigeführt" (M. VII. 63 f.).

Die Grundlagen dieser arischen Staatsordnung sind ohne Zweifel älter als die Brahmareligion, aber ihre Entwickelung ist nun überall theils durch das Kastensystem bedingt, theils von dem religiös-moralischen Pflichtgefühl der neuen Religion erfüllt. Der indische Staat hat nach der Darstellung des Gesetzbuchs, die freilich manche erst später eingeflochtene Züge enthält, jedenfalls schon Jahrhunderte vor unserer Zeitrechnung eine sehr hohe Stufe der Civilisation erreicht, und es fällt die Vergleichung desselben mit dem mittelalterlichen germanischen Staate in mancher Hinsicht beschämend für die europäischen Arier aus. Aber in Einem ähnelt er dem mittelalterlich germanischen Staate auffallend. Neben dem allgemeinen Pflicht-charakter nämlich, welcher vorzugsweise durch die Religion begründet und eingeschärft wird, wirken besonders thatsächlich auch die durchaus dynastischen und patrimonialen Ideen

und Sitten, die nicht recht dazu paſſen. Allerdings weniger
in der Geſetzgebung als im Leben, wie wir es aus den epiſchen
Sagen und Geſchichten kennen. Wiederholt wird erzählt, daß
Fürſten, von der Leidenſchaft des Würfelſpiels ergriffen, ſogar
ihr Land einſetzen und an den glücklicheren Gegner verlieren.
Bloß dynaſtiſche Erbſtreitigkeiten waren in Indien nichts ſel=
tenes: und ſo ſehr bewahrte ſich die perſönliche Hingebung und
Treue der Brüder, Vettern und Vaſallen gegen den erblichen
Fürſten, daß ſie ihm ins Elend und bis in den Tod folgten,
ſelbſt dann, wenn ſie ſeine Entſchlüſſe und Handlungen offen
mißbilligten. Wie bei den germaniſchen Ariern die Gefolg=
ſchaft und der perſönliche Treuverband neben der Volksgenoſſen=
ſchaft und der Volksverfaſſung hergehn und dieſe durch jene zuweilen
durchkreuzt werden, ſo wird bei den indiſchen Ariern die gemeine
Rechtsordnung zuweilen durch den Geſchlechtsverband und die per=
ſönliche Treue zu den Fürſten in ihren Wirkungen abgelenkt.

Die Wirkungen, welche die brahmaniſche Gottes= und
Weltidee auf das ſtaatliche Gemeinleben geübt hat, ſind zum
Theil als wohlthätig, zum Theil als ſchädlich zu bezeichnen.
Die Kaſtenordnung begründete einen dauerhaften und fried=
lichen Rechtszuſtand. Jede Claſſe fühlt ſich geſichert in
ihrer Exiſtenz und in ihren Genüſſen, und es iſt ihr in keiner
Weiſe verwehrt, ihre Zuſtände zu vervollkommnen. Der Brah=
mane kann ſich ganz den Wiſſenſchaften und der Frömmigkeit
hingeben, welche ihn dem göttlichen Geiſte zuführen, der
Kſhatriya erfreut ſich der weltlichen Macht und zeichnet ſich
aus durch die ritterlichen Tugenden der Großmuth, der Frei=
gebigkeit, der Tapferkeit; der Vaisja vermehrt ſeine Heerden
und cultivirt ſeine Aecker, treibt Induſtrie und Handel, wie

er will, erwirbt Reichthum; mancherlei wirthschaftliche Kennt-
nisse und technische Fertigkeiten werden ein Erbgut der Geschlechter und allmählich zu bewunderungswürdiger Vollendung
gebracht; und selbst der tief stehende Sudra wählt doch nach
eigener Einsicht den Herrn, dem er diene und der ihm Speise
und Obdach gewähre. Die Gesetze sind im Ganzen milde und
wohlwollend, die Nahrung wird von jedermann leicht erworben.
Ein edler, heilig=sittlicher Geist weht aus Brahma durch das
ganze Gemeinwesen und die Macht wird überall von der Pflicht
begleitet und vor jedem Mißbrauch gewarnt. Niemals und
bei keiner andern Nation sind der Werth der Wahrheit
und die Würde der Wissenschaft höher gewerthet und nie
und nirgends ist das reinste, abgezogenste Geistesleben,
die Einigung mit dem göttlichen Geiste, so sehr als höchstes
Ideal geehrt worden. Obwohl die Indier die beschauliche
Betrachtung des Göttlichen und die Vertiefung in die dunklen
Ursachen des Weltwerdens höher geschätzt haben, als die practi-
scheren Wissenschaften, welche die sichtbare Natur erforschen
und das Menschenleben bestimmen und obwohl sie insoferne
einseitig verfahren sind, so haben sie doch durch die Energie,
mit welcher sie dem Geistesleben die höchste Ehre zu-
erkannten, auch der spätern Fortbildung der Menschheit ein
bedeutsames Vorbild hingestellt, welches die römische Kirche
des Mittelalters freilich nur in religiöser Hinsicht nachzubilden
verstanden hat, aber der moderne Staat noch nicht genügend
in wissenschaftlicher Richtung zu würdigen weiß.

Neben den Vorzügen sind aber auch die Mängel der
indischen Weltanschauung empfindlich genug. Wir haben schon
darauf hingedeutet, daß die Freiheit und die Entwickelung des

Individuums nur innerhalb der Kaste, nicht über die Kaste
hinaus, gestattet war, daß das Individuum ohne alle Rücksicht
auf seine individuelle Begabung und Arbeit in der Kaste, wie
in einem Gefängniß verwahrt blieb, aus dem es kein Entrinnen gab, daß also je die strebsamsten und tüchtigsten
Menschen von den Fesseln der Kaste am empfindlichsten ver-
wundet wurden. Ebenso haben wir bereits erwähnt, daß die
brahmanische Kastenordnung die volle Entfaltung der Staats-
hoheit verhinderte. Indem die männliche Tugend des
Staatsmannes vor dem Angesicht der Brahmanen einen geringeren Werth hatte, als die inbrünstige Meditation des Ein-
siedlers, wurden die bedeutendsten Geister dem Staate entzogen und die politische Bildung blieb weit zurück
hinter der speculativ-philosophischen.

Ueberdem zeigte sich die Gefahr der pantheistischen
Gottesidee bei den Indiern in aristokratischer Gestalt, wie sie
bei den modernen Nationen in demokratischer Richtung zu
Tage tritt. Es ist für den Menschen, auch für den edlen
Menschen, immer gefährlich, sich Gott gleich zu stellen
und sich geradezu als Gott zu denken. Er wird von
diesem Gedanken leicht berauscht; trunken von dem überreizten
Selbstgefühl überschätzt er das Maß seiner Kräfte und den
Werth seiner Person im Verhältniß zu den Andern. Dann
ist er nur zu geneigt, den Trieb der eigenen menschlichen
Leidenschaft für göttliche Eingebung, den beschränkten Kreis
seines Wissens für absolute Wahrheit, und seinen thörichten Eifer
für göttlichen Befehl zu halten. Viel geistlicher Hochmuth
und viel unersättliche Begehrlichkeit und arbeitsscheue Trägheit im
Brahmanenstande, aber auch der launenhafte Uebermuth mancher

indischer Fürsten sind ohne Zweifel von diesem eingebildeten
Gottesgefühl angeregt und vor der eigenen Seele entschuldigt
worden. Zwar waren auch die untern Kasten Entfaltung
Brahmas, aber doch nur seiner untergeordneten Eigenschaften.
Der ganze Glaube und seine Wirkung in der Kastenordnung
war doch vorzugsweise der Aristokratie günstig, die Niederungen
des gemeinen Mannes waren von dem höheren geistigen Gottes=
bewußtsein nur wenig erleuchtet und erwärmt. Die Vaisjas
mußten für immer bescheiden zurückstehen hinter den göttlicheren
Priestern und Rittern: und die Subras gar blieben zu ewiger
Knechtschaft verdammt ohne Hoffnung, ihren arischen Herrn
gleich zu werden.

Indessen es gab in dieser indischen Welt noch viel
schlimmere Lagen, welche wie nothwendige Wirkungen der
Kastenordnung betrachtet wurden. Jede Ungenossenehe
nämlich hatte für die Kinder aus derselben nachtheilige Folgen.
Gehörte die Frau der nächstfolgenden Kaste an, so wurden die
Kinder noch dem Vater ähnlich, aber sie standen hinter den
Kindern von einer ebenbürtigen Frau zurück. Die Ehe eines
Mannes mit einer Frau aus der zweitfolgenden Kaste aber
begründete schon einen Mißstand, gleichsam eine Nebenkaste,
und die Söhne galten nicht mehr als echt. Aus der Mischung
eines Brahmanen z. B. mit einer Vaisjatochter entspringt die
Nebenclasse der Ambachtha, welche den Beruf der Aerzte
betreiben muß; aus der Verbindung von Kshatrijas und Subra=
töchtern entstehen die Ugras, welche vom Vater die Wildheit
und von der Mutter die Dienstbarkeit ererben. Unschicklicher
noch sind die Ehen eines Mannes von je einer untern mit
einer Frau von der oberen Kaste, und manche Verbindungen

der Art werden als verworfen und scheußlich betrachtet. Aus der Verbindung von Kshatriyas mit Brahmaninnen entspringt der Mißstand der Sutas, welche den Beruf von Pferde-bändigern und Wagenlenkern betreiben, aus der von Vaisjas mit Frauen aus den beiden obern Kasten stammen die Classen der Vaibehas und der Magadhas, welche zur Aufsicht über die Frauen und als Handelsreisende verwendet werden. Diese Mißkasten, die innerhalb der arischen Nationalität er-wachsen sind, gelten noch nicht als ganz unrein. Aber wenn eine Kshatriyatochter von einem Subra den Kschattri, oder gar eine Brahmanentochter den Tschanbâla gebiert, so sind diese ausgestoßen aus allem Kastenrecht und jede Berührung mit ihnen wirkt befleckend auf die Zweimalgeborenen. Ent-setzlich ist das Schicksal der Tschanbâlas: Sie dürfen nur fern von den Dörfern in der Wildniß wohnen, ihre Kleider sind von den Leichen genommen, die Scherben müssen ihnen als Töpfe dienen, nur gerufen dürfen sie sich sehen lassen, ihr Beruf ist, die Todten zu bestatten und bei der Hinrichtung der Verbrecher zu dienen (M. X. 6 f. 25 f. 47. f. VIII. 353. Yajnav I. 91 f.).

Diese Miß- und Auswurfsclassen werden durch Mischungen unter einander vielfältig vermehrt und außerdem durch die Folgen des Banns, der die Kaste entzieht, vervielfältigt. Auch in Indien hat die Verbindung der Theologie mit der Philosophie einen dogmatischen Geist erzeugt, welcher zwischen den Rechtgläubigen und den Irrgläubigen scharf unterscheidet, und die Ketzer und Gottlosen aus der Genossenschaft der Reinen und Frommen ausstößt. Obwohl das Gesetzbuch älter noch ist als die Sankhya-Philosophie Kapilas, so finden sich doch mancherlei Ausfälle darin gegen die Verächter der Veden und die Irrlehrer; und die Nichtbeachtung der vorgeschriebenen Studien, der heiligen Uebungen, Opfer u. s. f. kann den Ausschluß aus der Kaste nach sich ziehen. Aus den Ehen der Gebannten entstehen dann neue Mißstände (M. X. 20 f.). Immerhin nagten diese mancherlei Miß- und unreinen Nebenkasten fort- während an dem festen Bau der Kastenordnung und beförderten ihre allmähliche Verwitterung.

Alle diese Uebel wurden nun aber ins Unendliche gesteigert durch die Brahmanenlehre von der Seelenwanderung. Sie bildet den Schlußstein des Brahmasystems. Die ausschweifende Phantasie der Indier hat damals schon ihre Gefahren und Leiden nicht minder schreckhaft ausgemalt, als später die christlich erregte Phantasie die Bilder des Fegfeuers und der Hölle, und die indischen Priester haben den Glauben an die Seelen- wanderung mit nicht geringerem Eifer und Erfolg als Hülfs- mittel ihrer Macht und ihres Einflusses wirksam zu machen gewußt, als die christlichen Priester die Furcht der Gläubigen vor der Hölle und die Hoffnungen auf den Himmel. Aber so seltsam uns nun die indische Lehre erscheint, und so aben- teuerlich und kindisch uns manche Bilder derselben vorkommen, der Grundgedanke selbst ist eine nothwendige Folge der indi- schen Gottes- und Weltanschauung und nichts weniger als sinnlos. Wenn die sichtbare Welt und ihre Geschöpfe nichts anderes sind als das Werden und Sichentfalten Brahmas, wenn der individuelle Menschengeist nur ein Theil ist der allgemeinen Weltseele, ein Athemzug des großen Athmens, weßhalb sollte dann mit dem Tode der einzelnen Gestalt jenes Werden aufhören und nicht vielmehr in neuen Wandlungen und Formen sich fortsetzen von Unendlichkeit zu Unendlichkeit? Die Seelenwanderung ist nichts anderes als der neue Leib, den der unzerstörbare Geist anzieht, um in neuer Gestalt fortzuleben. Und sie ist zugleich, nach der Lehre der Brahmanen, gerechte Entwicklung.

Die Gesetzgebung Manus stellt den Grundgedanken der Seelenwanderung mit großen Zügen dar und ist in der Anwendung desselben noch ziemlich frei von den maßlosen Ausschweifungen der späteren Lehre. Der weise Bhrigu erklärt dieselbe den fragenden Schülern in folgender Weise: „Jeder Gedanke, jedes Wort und jede That eines Menschen bringt je nach ihrer Güte oder Böse eine gute oder böse Wirkung hervor; und der Mensch wird demgemäß belohnt oder bestraft. Der Geist im Innern (mahat), das Gewissen, hat ein Bewußtsein des Guten und des Bösen und steht in Verbindung mit dem großen Weltgeist (paramâtmâ), und diese beiden prüfen und urtheilen zusammen über die Gedanken, die Worte und die Handlungen.“ Weisheit und Tugend reinigen und heiligen die Seele, Roheit und Laster verdüstern und beflecken sie und der Zustand der Seele, wenn der Mensch stirbt und in das Gericht Yamas fällt, des Gottes des Todes, hat einen entscheidenden Einfluß auf die neue Körperbildung, welche aus den fünf sinnlich-wahrnehmbaren Elementen von der Seele selber vollzogen wird. Der Mensch, dessen Geist durch die Wissenschaft geklärt, durch Pflichterfüllung veredelt, durch fromme Versenkung in das höchste Wesen geheiligt ist, dessen Unzerstörbares wird nach dem irdischen Tode sich in die obern himmlischen Lichtwelten erheben und je nach dem Grade seiner Tugend ein helles göttliches Lichtgewand empfangen und in der

Götterwelt selber nach und nach emporsteigen bis zu voller
letzter Einigung in dem Einen Brahma. Die Menschen, deren
Leben heftiger von den Leidenschaften bewegt wird und den
sinnlichen Genüssen ergeben ist, kommen nach dem Tode, und
nachdem die Seele ihre Sünden abgebüßt hat, wieder in die
dämmernde Zwischenwelt und werden meistens wiederum
menschliche Gestalt annehmen, je nach ihrer Würdigkeit
in einer unteren oder einer höheren Weltstellung; nur die
Besten unter diesen gelangen als himmlische Musiker und
Genien, welche den Göttern folgen in die höheren Regionen. .
Aber die Gottlosen und Lasterhaften, deren Seele verfinstert
ist, werden durch das gerechte Urtheil gezwungen, als Pflanzen,
als Thiere oder in niederer Menschengestalt wieder
zu erscheinen und die untere Dunkelwelt zu bevölkern.
Auch unter ihnen gibt es viele Abstufungen. Die Pflanzen,
die Würmer, die Insekten, die Fische sind tiefer geordnet, als
die Elephanten, die Pferde, die Löwen, die Tiger u. s. f.
und diese höheren Thiere werden sogar mit Barbaren und Subras
zusammengestellt. Am höchsten in dieser dunkeln Ordnung
sind die Tänzer, die Gaukler, die Vögel und die Riesen.

Ein Brahmane z. B., der sich mit geistigen Getränken
berauscht, wird als Wurm oder Insekt wiedergeboren und wenn
er Gold gestohlen hat, 1000 Mal als Spinne oder Schlange
wieder kommen. Wer Getreide stiehlt, wird eine Ratte, wer
Fleisch entwendet, ein Geyer u. s. f. (M. XII. 3 f.). Zu=
weilen zieht ein kleiner Fehltritt, sogar ein Versehen in den
Cäremonien grausam lange Wanderungsstrafen nach sich; aber
es werden auch manche Flecken wieder weggewischt durch Bußen,
durch Gebete und Gedanken des Heils.

Die Kastenordnung reicht so über das indische Leben weit hinaus und ist eng verwachsen mit der Lichtordnung des göttlichen Geistes und mit den dunkeln Welten des Thier- und Pflanzenlebens. Diese furchtbare göttliche Gerechtigkeit, der Niemand entrinnt, weil er seinem Gewissen nicht entfliehen kann, in dem der göttliche Geist wirkt, ist der weltlich-irdischen Rechtspflege unendlich überlegen an Einsicht, an Macht und an Wirkung. Der Glaube daran mußte daher eine ungeheure Gewalt auf die Menschen üben, neben welcher der vergängliche Lohn und die kurze Strafe, welche ein irdischer König bestimmen konnte, fast gleichgültig erscheinen und sicher erklärt sich heute noch sehr vieles in den zähen und unbeugsamen Sitten der Indier aus diesem Glauben.

Freilich sind auch die Strafen der Wandlung in eine niedere und dunkle Lebensform nicht ewig, sondern in der Zeit begränzt, und nie erlischt die letzte Hoffnung eines Eingehens in Brahma ganz in der Seele des Arja. Aber die Wahrscheinlichkeit eines solchen Fortschritts ist für den gesunkenen Menschen sehr gering und die fürchterliche Aussicht auf vieltausendjährige Wanderungen, vielleicht durch ekle Thiergestalten hindurch, viel näher. Ungeheure Zeitperioden folgen dem Leben der Gegenwart, wie ungeheure Weltperioden demselben vorhergehen. Die Weltschöpfung liegt den Indiern nicht so nahe, wie den Semiten, welche ihr nur ein kurzes Alter von einigen Jahrtausenden zuschreiben. Unzählige Brahmajahre sind vorausgegangen, bevor die Welt ihre gegenwärtige Gestalt erreicht hat, und ein einziges Brahmajahr dauert fast so lange als die ganze Schöpfungs- und Weltgeschichte nach der Mosaischen Ueberlieferung. Zahllose Brahmajahre werden

6

nachfolgen und inzwischen dreht sich das Rad des Weltwerdens in nie ermattendem Umschwung. Die Aussicht in diesen unaufhörlichen und im Grunde wenig tröstlichen Wechsel mußte für viele Ruhe suchende Gemüther höchst peinlich sein.

Sicher waren diese Mängel und Uebel der brahmanischen Weltordnung im Laufe der Zeit von Vielen und in weiten Kreisen schwer empfunden worden, bevor die Zustände zu dem mächtigen Gegenstoß reif wurden, der im sechsten oder fünften Jahrhundert vor Christus das ganze Brahmanensystem betraf und Indien bis auf den Grund erschütterte. Es war wirklich eine neue Idee und eine neue Religion, welche Buddha stiftete und schon der Umstand mußte der ganzen brahmanischen Kaste tödtlich werden, daß der Stifter der neuen Religion kein Brahmane sondern ein Kshatriya war, denn die Jünger und Verehrer Buddhas konnten unmöglich die Brahmanen über ihren Meister setzen, und eben so wenig zugestehen, daß die Lehre das ausschließliche Recht der Brahmanen und allen andern Kasten versagt sei.

Die aufgeregte Phantasie und der fromme Eifer der späteren Buddhisten haben das Leben ihres Religionsstifters mit mancherlei Wundern zu verherrlichen gesucht, so daß es schwer, vielleicht unmöglich ist, aus der goldglänzenden Schale einer sagen- und legendenreichen Erzählung den wirklichen Kern einer menschlichen Lebensgeschichte reinlich heraus zu schälen.

In dem Fürstenthum Gorakhpûr, an den südlichen Vorbergen des Himalaya nordöstlich vom Ganges gelegen, wurde zu Kapilavastu, der Hauptstadt, dem regierenden Könige aus dem alt-fürstlichen Geschlechte der Çakja von seiner ebenbürtigen Gemahlin ein Sohn Sibbhârta geboren, der berufen war auf die ost-asiatische Welt auf Jahrtausende hin die größte sittigende Wirkung zu üben. Es kann uns nicht befremden, daß die ost-asiatischen Mythen die segensreiche Menschwerdung Buddhas mit Zeichen und Wundern am Himmel und auf Erden umgaben und schon das neugeborene Kind seine göttliche Natur und Bestimmung verkünden ließen. Die glaubwürdigeren Berichte aber schildern sein Jugendleben in natürlicher Weise. Der junge Prinz erhielt unter der Leitung brahmanischer Lehrer die feine und edle Erziehung eines indischen Königssohns, der berufen ist den Thron zu erben. Nach Vollendung derselben trat er in den Stand des Hausvaters und vermählte sich zuerst mit einer Frau aus demselben Königsstamme. Alle Genüsse der Bildung und der Macht waren ihm eröffnet; der Segen der Familie und die glänzende Aussicht eines erhabenen Wirkungskreises schienen ihm all' das Glück reichlich zuzuwenden, welches die Menschen besonders hoch schätzen.

Aber in dem begünstigten Fürstensohn schlägt ein Herz der Liebe für die Menschheit und des Mitleids mit ihren Leiden, und allmählich verdrängt das glühende Verlangen, die Menschen von dem Elend zu befreien, das sie niederdrückt, allen eigenen Lebensgenuß und alles andere Streben seiner Seele. Er sieht, wie das Alter den Menschen entstellt und schwächt, wie die Krankheit ihn niederwirft, wie Elend und Noth überall die Armen verfolgen, er betrachtet das blasse, gräuliche Antlitz des Todes, und immer entschiedener bemächtigt der Gedanke sich seines Gemüths, ob es denn nicht eine Hülfe gebe gegen diese Leiden und eine Befreiung von diesen Uebeln, und er faßt den großen Entschluß, sein ganzes Leben dieser Einen Aufgabe zu widmen.

6*

In der Weise der indischen Denker will er vor allem die Frage untersuchen: Was ist der Grund der Uebel in der Welt? Dann folgt die zweite Frage: Auf welchen Wegen entgeht man diesen Uebeln?

Er verläßt nun seine Frauen und Kinder, seine Eltern und sein Haus, alle Genüsse der Hauptstadt und des Hofes und die Aussicht auf die Thronfolge und wendet sich, ein Mann in der vollen Höhe der Jugendkraft von 29 Jahren einsam, ohne Diener dem beschaulich-frommen Leben im Walde zu, er wird Çakja-muni, d. h. Waldsiedler aus dem Çakjageschlecht. Als Schüler (Gautama damals benannt) sucht er die berühmtesten Brahmanen auf, welche in Einsiedeleien wohnend, durch Lehre und Beispiel vorleuchten. Er wird vollends in allen Geheimnissen der brahmanischen Weisheit unterrichtet, aber keiner der Weisen vermag ihm eine befriedigende Antwort auf die gestellten beiden Fragen zu geben; die Gebete und Hymnen, die Wiederholung des Wortes Om und die heiligen Cäremonien gewähren ihm nicht das gesuchte Licht.

Der höchste Grad der Heiligkeit und Weisheit war nach der brahmanischen Sitte nur durch die strengste Sinnenbeherrschung und gleichsam durch Ertödtung des Fleisches zu erwerben. Damals schon war das beschauliche Leben der Einsiedler oft bis zu grausamer Selbstquälerei ausgeartet. Auch diesen Weg betrat nun der Çakja-muni, entschlossen mit der äußersten Anspannung aller Kräfte sein Lebensziel zu verfolgen. Sechs Jahre lang quält er nun seinen Leib im stillen Ertragen von Hitze und Kälte, Sturm und Regen, Hunger und Durst, aber aller Duldungs- und Opfermuth und alle Selbstpeinigung lösen ihm das Räthsel nicht, das seine Seele nicht in Ruhe läßt.

Çakja-muni fühlte sich nicht einmal der Lösung näher gekommen. Im Gegentheil er ward gewahr, daß das beharrliche Fasten nicht nur seine Körperkraft aufzehre, daß auch der Geist in Folge der zunehmenden Leibesschwäche an Energie und Klarheit des Denkens schwere Einbuße mache. Er bemerkte, daß er nicht auf dem rechten Wege sei und machte nun eine entschiedene Wendung. Er nahm jetzt wieder mäßige Speise zu sich und mit dem erstarkenden Körper ward auch der Geist frischer und sein Denken heller. Damit aber war für ihn der Bruch mit der herkömmlichen Brahmanenlehre und Sitte bereits im Princip vollzogen. Die alte Autorität konnte ihn nicht mehr leiten und band ihn nicht mehr. Auch sein Vertrauen zu dem Einen Brahmagott war dahin. Von da an suchte er, unbekümmert um den alten Glauben, die ihm eigenen Pfade zum Heile auf. In der Buddhistischen Legende von dem furchtbaren Kampf, den er mit den empörten Göttern und Dämonen bestehen mußte, welche mit der Gewalt des wilden Orkans, im Sturmgeheul und Blitzesflammen von Heerden reißender Thiere gefolgt auf ihn einstürmten, ist der Wiederschein seiner wirklichen Geisteskämpfe deutlich zu erkennen. Alle diese Naturgewalten, Götter und Dämonen schreckten ihn so wenig, als ihn die Reize und Künste der Schönen verlockten, welche der Gott der Sinnesliebe zu ihm sandte, denn er hatte das Alles als Täuschung erkannt. Alle diese Erscheinungen zerfloßen vor dem Schauen seines Geistes in Nichts.

Endlich als er tief-sinnend unter einem Feigenbaume (Bodhibaume) lag, da ging ihm das Licht auf in dem eigenen Geist. Jetzt wurde er seiner bewußt, Buddha d. h. der Erweckte, der Erleuchtete, der Weise im höchsten Sinne des Worts zu sein.

Die allgemeinen Uebel, welche in der Menschenwelt sich zeigen, das Alter und der Tod, sind die Folgen der Geburt, und folglich mit dem menschlichen Dasein selbst gegeben; man kann jenen nur entgehen, wenn man diesem entgeht, und diesem, das nun selber sich als ein Uebel erweist, entgeht man nur, wenn man die Anhänglichkeit an das Leben fallen läßt, welche hinwieder aus dem Verlangen entspringt, wenn man für die Empfindung gleichgültig wird, welche von den Sinnen bewegt wird. Da alles wahrnehmbare Leben dem steten Wechsel unterliegt und vergänglich ist, so verliert es vor dem Bewußtsein seiner Nichtigkeit allen Werth. Die volle, endliche Befreiung kann daher nur erreicht werden, wenn alles Sein als im letzten Grunde nichtig erkannt wird, und der Geist sich in das Verlöschen des Seins, das Nirvâna versenkt und darin aufgelöst wird. Dann endlich verweht auch der Keim zur Wiedergeburt.

In dem Gedanken des Nirvâna fand auch die Seele Buddha's ihre Ruhe.

Es ist schwer, das Nirvâna mit Worten zu erklären, denn in jedem Worte ist schon eine Art des Seins, irgend eine Bestimmtheit, eine Eigenschaft ausgesprochen, und das Nirvâna verneint das Sein und ist unbestimmbar, in eigenschaftsloses Dunkel gehüllt. Das Nirvâna ist die ewige Ruhe, in der sich kein Leben regt, das undurchdringliche Dunkel, in welches kein Lichtstrahl kommt, die gränzenlose Weite und Oede, das Vacuum, in dem kein Raum bemessen wird, die Ewigkeit, die keine Zeiten unterscheidet. Nichts ist darin unterscheidbar, auch nicht Stoff und Geist, nicht Mann und Weib, nicht einmal Sein und Nichtsein. Es ist die letzte Unterlage, auf welche der menschliche Geist stößt, wenn er alle Existenzen im Gedanken zerlegt und aufgelöst hat, der Urgrund, über den er nicht hinaus kann, in dem auch alles Urtheil untergeht und sein Selbstbewußtsein aufgelöst wird. Es ist das Nichts.

Das Brahma der alten Brahmanen hatte etwas Aehnliches mit dem Nirvâna Buddhas, aber es war in jenem die Möglichkeit der Entwicklung. Aus dem Dunkel entsprang dort das Licht. Das dunkle Brahma brachte den lichten Brahma hervor, der die in dem Urgrund verborgenen Kräfte entfaltete und mit Selbstbewußtsein zum Leben erschuf. In dem Nirvâna dagegen erlischt auch diese schöpferische Kraft und der Trieb zur Entfaltung. Es ist die vollkommenste, rückhaltloseste und abgezogenste Vorstellung des Nichts, welche jemals ein beschaulicher Denker gefunden hat. In diesem gähnenden Abgrund des Nichtseins mußten schließlich alle Existenzen, die Menschen und die Thiere, die Erde und der Himmel, die Elemente und die Götter, es mußte auch der Eine Brahma, der von Ewigkeit her seiende Gott, untergehen und „verwehen“: und es blieb nur als ewige Ruhe das wesenlose, naturlose, gottlose Nichts übrig. Zwischen dem vielgestaltigen Dasein und dem Nirvâna gibt es keinen erklärbaren Zusammenhang. Die Speculation Buddhas erklärt nicht die Schöpfung, sie vernichtet dieselbe.

Aber in dieser unerforschlichen und unerfreulichen Leere und Oede, in welcher Buddhas Geist seine Ruhe fand, verlöschte doch nicht die Gluth seiner Menschenliebe und

ihr vorzüglich verdankten die neue Lehre und das „gute" Gesetz
ihre befruchtende und sittliche Kraft. In sich befreit versprach
Buddha nun den andern Menschen Befreiung von dem Uebel
ihres Daseins, indem er sie zur Entsagung, zum Gleichmuth
der Seele, zum Kampf mit den Leidenschaften ermahnte, denn
auf diesem Wege allein werden sie der Sinne und ihrer
Empfindungen Meister und hindern das Verlangen nach
neuem Dasein; nur indem sie der Welt entsagen, können sie
dem Wiedererscheinen in der Welt und den Uebeln der
Wiedergeburt entrinnen.

Freilich war die Weltflucht ein Grundzug der Lehre,
die er nun öffentlich allem Volke verkündete; und zunächst
stiftete er nur einen mönchischen Bettelorden derer, die
ihm auf seinem Pfade folgten. Er fand zahlreiche Jünger und
Schüler, welche wie er auf die Güter der Welt Verzicht
leisteten und nur von den Almosen, welche sie erhielten, sich
kümmerlich nährten, welche ebenso aller Liebeslust sich ent=
hielten und ein eheloses Leben ergriffen, welche wohlwollend
gegen ihre Mitmenschen, hülfreich gegen jeden Bedürftigen, doch
die Eitelkeit aller Erscheinung erkannten und Ruhe vor
dem rastlos umtreibenden Rade der Wiedergeburt in der stufen=
weisen Annäherung an das Nirvâna suchten. Zuerst durch
Buddha wurde so der Unterschied zwischen den Buddhisten
im engern Sinne und höheren Verstand, dem der Entsagung
geweihten Mönchsstand und der übrigen Laienwelt,
welche die Gelübde der Armuth und Keuschheit nicht ablegt
und sich der mönchischen Regel nicht unterwirft, ins Leben
eingeführt und damit der Anstoß gegeben zu der späteren Aus=
bildung der Klöster und einer geistlichen Hierarchie,

die auf Synoden ihre kirchlichen Vorschriften beschloß und durch verschiedene Zwischenstufen hindurch zuletzt in dem geist= lichen Oberhaupt, dem Dalai=Lama gipfelte. Der Gegen= satz der Mönchsordnung und der Laienordnung war nun da, ähnlich dem Gegensatze von Kirche und Staat bei den christlichen Völkern. Insofern war die Lehre Buddhas auch vom Staate abgewendet, und mußte die Hauptwirkung derselben eher eine kirchliche sein.

Allein die Wirkung Buddhas blieb doch nicht auf die Mönche und Priester beschränkt. Das persönliche Auftreten Buddhas, der nun in seinem gelben Kleide — zuvor die Farbe des Fürsten, nun die Farbe des Ordens — mit dem hölzernen Schnabelnapf im Gürtel, überall umher zog und das Volk belehrte, reich an geistigem Trost, aber arm wie der Bettler, freundlich und wohlwollend gegen Jedermann, seine Predigten, sein Beispiel und das seiner Anhänger übten zugleich eine befreiende und sittlich erhebende Wirkung auf weitere Kreise aus. Er wendete sich an alle Classen der Menschen, da sie alle unter den Uebeln des Daseins litten und alle der Erlösung von dem Uebel bedurften. Die Schranken der Kastenordnung waren gefallen vor seinem Nachdenken, ob Prahmane oder Kshatriya, ob Arier oder Sudra, das war für ihn unerheblich. Zwar griff er die bestehende Rechts= ordnung nicht geradezu an, er ließ die Kasten zunächst bestehen in ihrem Werth oder Unwerth, ganz so wie Christus die vor= gefundene Sclaverei, aber er zeigte den Menschen neue Ziele und neue Heilmittel, und für beide war der Kastenunterschied nicht mehr entscheidend. Er wandelte den Geist um und zer= störte dadurch die Macht des Kastenwesens. Dem verachteten

Subra wurde der Weg des Heils ebenso eröffnet, wie dem in Gott stolzen Brahmanen.

Bei jedem Anlaß wurde dies neue Princip der Gleichheit verkündet und manche Buddhistenlegende macht es anschaulich; z. B. die folgende, vielleicht später entstandene, aber sehr bezeichnende: „Eines Tages begegnete der Schüler Çakjamunis, Ananda, selber ein Kshatriya von Kaste, einem jungen und schönen Tschandâla-Mädchen, welches Wasser schöpfte und bat sie um einen Trunk. Die Magd erwiderte ihm, sie sei eine ausgestoßene Tschandâla und ihr daher untersagt, einem heiligen Mann zu nahen; worauf der Buddhist ihr erklärte: „Ich verlange von dir, meine Schwester, nicht deine Kaste, noch deine Familie, ich verlange von dir nur Wasser, das du mir reichen kannst.“ Nun entbrannte das Herz der Prakriti, so hieß das Mädchen, in Liebe zu dem freundlichen Weisen, sie zog ihren besten Schmuck an und suchte ihn zu gewinnen. Da kam der Buddha selbst seinem Schüler zu Hülfe, reinigte ihr Herz von der sinnlichen Liebe und weckte in ihr die Sehnsucht nach höherer Liebe. Er nahm sie als Buddhistin in die Schaar derer auf, die ihm folgten. Als nun erstaunt und empört über den Gräuel, daß eine Tschandâla mit Zweigeborenen, sogar mit heiligen Brahmanen verkehre, die Führer und Weisen des Landes den Buddha zur Rede stellten, da erzählte er ihnen eine alte Geschichte von einem Tschandâlakönig, der eine Brahmanentochter für seinen Sohn zur Frau verlangte und dem erzürnten Vater die beschämenden Worte entgegen hielt: „Zwischen einem Brahmanen und dem Mann einer andern Kaste ist doch nicht ein Unterschied wie zwischen Gold und Stein, zwischen Licht und Finsterniß.

Der Brahmane ist nicht aus dem Aether noch auch der Luft hergekommen, er hat nicht plötzlich die Erbrinde durchbrochen und ist nicht erschienen wie das Feuer aus dem Holze Arani. Er wird ganz ebenso aus dem Mutterschooße geboren wie der Tschandâla, und wenn er stirbt, so ist seine Leiche ebenso verlassen und der Fäulniß verfallen, wie die jedes andern. Wo bleibt denn da ein wesentlicher Unterschied?" (Burnouf introd. à l'hist. du Buddhisme 205 f.)

Die ungeheuren Erfolge, welche der Buddhismus schon in den nächsten Jahrhunderten in Indien machte, sind hauptsächlich dieser Verneinung des Kastenvorzugs zuzuschreiben. Die Mehrheit der Brahmanenkaste war empört über solche Frechheit, eine Minderheit derselben fand das neue Princip der Gleichheit billig und wahr; viele Kshatriyas mochten sich in ihrem aristokratischen Standesgefühl verletzt fühlen, aber viele sahen hinwieder die Demüthigung der Brahmanen durch einen heiligen Kshatriya mit innerer Genugthuung. Die Vaisjas hatten noch mehr Grund, sich der Gleichheit zu freuen, welche sie den obern Kasten näher brachte. Vor allem aber mußte der Urbevölkerung der Sudras und mußte den zahl=reichen Miß= und Auswurfskasten der Buddha wie ein Erlöser aus uralter Knechtschaft und Verachtung erscheinen. Wie einige Jahrhunderte später die „frohe Botschaft" des Christenthums vorzugsweise von den untern Volksclassen mit Glauben und Hingebung ergriffen wurde, so fand das „gute Gesetz" Buddhas die freudigste Folge in den untern Kasten. Es gab ihnen die Menschenwürde zurück, dessen sie das stolze Brahmanengesetz beraubt hatte.

Der stärkste geschichtliche Beweis für diese ungeheure

Wirksamkeit der Bubbhalehre liegt wohl darin, daß es dem kastenlosen Subrahelden Tschanbragupta im Jahre 312 v. Ch. glückte, den Thron von Pâtaliputra zu besteigen und in den alten brahmanischen Gangesländern (Arjavârta), aber auch da, wo Bubbha vorzüglich umhergezogen war und gelehrt hatte, das größte indische Königreich Magabha zu gründen. Nur das Zusammenwirken der äußern Anstöße, welche Indien durch den Eroberungszug Alexanders des Großen und durch die Kämpfe mit den makedonischen Heeren erfahren hatte, mit der inneren geistigen Revolution, die es durchlebte, kann die mächtige Gährung erklären, welche so große Staatsveränderungen ausführbar machte.

Schon der Enkel dieses Tschanbragupta, der König Açoka (203—227 v. Ch.) bekannte sich offen zum Bubbhismus und war so zu sagen das für die bubbhistische Welt, was Konstantin der Große für die Christenheit.

Eben so wohlthätig und befreiend erwies sich das gute Gesetz für das gesammte Frauengeschlecht und fand deßhalb bei den Frauen eine begeisterte Aufnahme und eine im Stillen fortwirkende Unterstützung. Die Brahmareligion kannte für die Frauen nur einen mittelbaren Trost, denn die Kenntniß der Veden und der Opfer war ihnen versagt, sie waren lediglich an ihre Väter und Gatten verwiesen. Aber Bubbha wandte sich unmittelbar an die Frauen. Auch sie berief er ihm nachzufolgen auf den Pfaden der Erlösung von dem Uebel, auch ihnen verhieß er, wenn sie wirklich der Welt entsagen, die ewige Ruhe. Es bildete sich so aus den eifrigsten Bubbhistinnen ein zweiter Orden von Nonnen aus, welche ebenfalls die Gelübde der Armuth, der Keuschheit und des Gehorsams ablegten und es entstanden in der Folge Nonnenklöster, getrennt von den Mönchsklöstern mit eigener Regel.

Die Buddhalehre war auch nicht wie die Brahmareligion auf die arische, noch überhaupt auf eine bestimmte Nation beschränkt. Sie war von allgemein=menschlichem Geist erfüllt und hatte eine universelle Tendenz. Während daher die Brahmareligion, trotz der Geisteshöhe ihrer Ideen niemals über die indische Welt hinaus Verbreitung fand und auf die Sanskritsprache beschränkt blieb, so hat der Buddhismus da=gegen in seiner Entwicklung eine ungeheure weltgeschichtliche Macht bewährt, ist in verschiedenen Volkssprachen gelehrt worden und hat auch nördlich vom Himâlaya die Mongolei, Tibet, einen großen Theil von China und Japan gewonnen. Die Masse der Menschen, welche Buddha verehren, in Mittel=, Süd= und Ostasien wird heute noch auf mehr als dreihundert Millionen geschätzt und kommt an Zahl der Masse der Christen auf der Erde näher als die Zahl der Bekenner irgend einer an=dern Religion. Nach den einen Schätzungen steht die Zahl der Buddhisten um wenige Millionen hinter der Zahl der Christen zurück, nach den andern wird diese von jener noch übertroffen. Von Anfang an hat Buddha selbst in der gemeinen Volkssprache zu dem Volke geredet und ist auch durch die Form seiner Mittheilung den großen Classen nahe getreten. Der uni=verselle Zug ging so mit der Vielseitigkeit der Aus=drucksweise Hand in Hand. Die Befreiung vom Uebel wurde in allen Zungen geprebigt.

Trotz der geistlichen Ueberspannung, welche die Menschen zu=gleich von der Natur und von der Welt abzieht und zum Entsagen ermahnt, sind in der Buddhalehre auch herrliche und fruchtbare Grundsätze einer edeln, humanen Sittlichkeit ausgesprochen, die in jeder gesunden Menschenbrust einen Wiederklang finden. Mögen die Sprüche, die in „den Fußstapfen des Gesetzes" erhalten sind, von Buddha selber stammen oder später formulirt worden sein, in seinem Geiste sind sie unzweifelhaft verfaßt: „Wer sich selbst besiegt, der ist der beste unter den Siegern. Das Wasser leiten die Röhrenmeister, den Pfeil bearbeiten die Waffenschmiede, das Holz die Zimmerleute, sich selbst zähmen die Weisen. — Kein Feuer ist gleich der Begier, keine Gefangenschaft gleich dem Hasse, kein Netz gleich der Leidenschaft, kein Strom gleich dem Verlangen. Die Sinnenlust des stumpf Dahinlebenden wächst wie die Malve; hin und her läuft er, wie der Affe im Walde. — Den Zorn lege der Mensch ab, den Hochmuth lege er ab, jede Fessel zerbreche er. Wer den aufsteigenden Zorn zurückhält, wie den rollenden Wagen, den nenne ich einen Wagenlenker. Nie wird der Zorn durch Zorn gestillt, sondern durch Versöhnlichkeit, das ist ein ewiges Gesetz. — Wachsamkeit ist der Weg der Unsterblichkeit, Trägheit der Weg des Todes. Ein Tag der Kraft und Anstrengung ist besser als hundert Jahre der Ohnmacht und Schlaffheit. — Alle Creaturen sind ohne Bestand; wer das erkennt, wird frei im Schmerze. Wer die Welt ansieht, wie eine Wasserblase, wie ein Luftbild, den erblickt der König des Todes nicht. — Jeder eile im Gutesthun und und wende den Sinn vom Bösen ab. Wenn der Mensch Böses gethan hat, so thue er es nicht wieder und wieder, denn Schmerz ist die Anhäufung des Bösen. Wenn der Mensch Gutes gethan hat, so thue er es wieder und wieder, denn

Freude ist die Anhäufung des Guten. Wer Blut vergießt, unwahre Rede führt, fremdes Gut sich aneignet, zu eines Andern Weibe geht und der Trunkenheit sich ergibt, der schädigt schon für diese Welt seine Wurzel" (Köppen Buddha I. 451).

In demselben Maße nun, in welchem der Mensch seine Leidenschaften besiegt, seine Sinne beherrscht, den Gleichmuth der Seele erwirbt, nähert er sich dem Nirvâna und findet er allmählich die ewige Ruhe. Der Mönch und die Nonne frei= lich, und je nach dem Grade ihrer Enthaltsamkeit, sind auf dem Wege dahin weiter vorgerückt, aber auch die tugendhaften Laien sind auf dem guten Wege. Obwohl der Buddhismus das Mönchsthum begünstigte und der Bettler (Bhixu) vorzugs= weise als der Sohn Buddhas von dem wohlhabenden Haus= vater geachtet ward, so behielt er doch eine gewisse Nüchtern= heit des Urtheils über die Weltzustände bei und derselbe Gleich= muth, der ihn Entsagung lehrte, bestimmte ihn auch, die realen Verhältnisse des bürgerlichen Lebens ohne Abneigung und ohne Verachtung zu betrachten und sich mit seinen Bedürfnissen in ein friedliches und freundliches Gleichgewicht zu setzen.

Die Liebe Buddhas breitete ihre Arme über alle Ge= schöpfe aus, sogar über die Thierwelt. Die erste buddhistische Mönchsregel lautet: „Du darfst nicht tödten was Leben hat". Um einem Armen zu helfen, ließ Buddha einstmals sich selber als Sclaven verkaufen und den Kaufpreis jenem einhändigen. Einer Tigerin, die mit ihren Jungen vor Hunger zu sterben in Gefahr war, bot er nach der Legende seinen eigenen Leib zur Nahrung dar. Dieser Geist eines aufopfernden Wohlthuns, welcher den Buddhismus beseelt, hat in den buddhistischen

Ländern zuerst eine Reihe von Anstalten hervorgebracht, durch welche Arme gespeist und Kranke verpflegt werden.

In hohem Alter erlebte Buddha noch die Zerstörung seiner Vaterstadt Kapilavastu und den Untergang seines Hauses. Auf ihren Trümmern verkündete er den Sterbenden die Aussicht auf Erlösung. Wenig Jahre später starb er, indem er noch seine Jünger segnete. Seine letzten Worte waren: „Alles ist vergänglich“. Die gewöhnlichste Annahme seines Todesjahres, welche in Ceylon und Hinterindien die Zeitrechnung begründet, ist das Jahr 543 v. Ch. Andere setzen dasselbe früher, wieder andere später ins fünfte oder gar ins vierte Jahrhundert vor Christus.

Ungefähr ein Jahrtausend lang war nun die indische Welt gespalten zwischen Brahmanismus und Buddhismus. In manchen Ländern bestanden beide Religionen friedlich neben einander. Die Brahmanen freilich fügten sich nur widerwillig in die Duldung einer Ketzerei, welche von ihrer Lehre verdammt ward und mit welcher ihr Gesetz nicht bestehen konnte. Aber der Buddhismus war von Natur duldsam gegen religiöse Meinungen, die ihm durchweg nichtig schienen. Zuerst in der Welt sprachen sich buddhistische Könige für das heilige Princip der religiösen Bekenntnißfreiheit aus. Wie der erste christliche Kaiser Konstantin das erste Toleranzedict für Christen und Heiden erlassen hat, so hat ein halbes Jahrtausend früher der erste buddhistische König Açoka zum ersten Mal die goldene Wahrheit dem Volke verkündet: „Jeder ehre seinen eigenen Glauben und schelte nicht den des Andern. Möchten doch alle Menschen das Gesetz der Einen und der Andern mit Ehrerbietung anhören und befolgen, könnten die

Bekenner jeglichen Glaubens reich an Weisheit und glücklich durch Tugend sein. Die Bekenner der verschiedenen Lehren mögen sich wiederholen: Der göttergeliebte König legt nicht so viel Werth auf Almosen und Ehrfurchtsbezeugungen als auf das, was zur Förderung des guten Rufs und zur Entwicklung aller Religionen beiträgt" (Köppen I. 465).

Aber zuletzt wurde der Buddhismus doch wieder von dem Brahmanismus aus Indien verdrängt. Um so größere und bleibende Eroberungen machte er dagegen unter den mongolisch=malayischen Völkern, deren mehr nach Ruhe verlangendem Charakter er eher zusagte. Es ist diese Entwicklung ganz naturgemäß. Das in sich öde aber Ruhe verheißende Nirvāna konnte wohl vorübergehend auch einer vielgeplagten arischen Nation wie eine Erlösung vorkommen. Aber auf die Dauer wird der männliche Geist der activen Völker nicht in der Entsagung von der Welt und nicht in dem Verzicht auf das thätige Leben das anzustrebende Ziel des Menschen erkennen. Ein lebensfrisches und lebensfreudiges Geschlecht bedarf einer lebensvolleren Gottesidee und einer lebendigeren Weltanschauung. Nicht das dunkle Nichtsein, sondern das lichtvoll sich entfaltende Sein ist das Ideal des arischen Geistes und die Sehnsucht des arischen Gemüthes. Diesem Ideal sagte die lebendige Brahmaidee weit besser zu als das leere Nirvāna. Den denkträgeren und roheren Nomadenvölkern aber genügte der Buddhismus, welcher die Gleichgültigkeit gegen die äußere Welt und zugleich eine menschenfreundliche Moral und eine höhere Bildung lehrte, auch auf die Dauer und die an Beherrschung gewöhnten und zu ruhigem Gehorsam erzogenen Ostasiaten fanden in ihm einen nachhaltigen Trost.

7

Beide Religionen nahmen überdem in der Folge eine veränderte Gestalt an. Die Brahmanen fingen an, den Einen Brahma in neuen Formen darzustellen. Indem sie der Phantasie reichere Nahrung boten und den Götterglauben der verschiedenen Länder in ihre Lehre aufnahmen, näherten sie sich mehr als früher der herkömmlichen Vorstellungsweise auch des Volkes an. So ließen sie jetzt den Einen Gott in drei Gestalten erscheinen und Verehrung fordern, als Schöpfer der Welt, Brahma im eigentlichen Sinn, als Erhalter der Welt, Bischnu und als Zerstörer der Welt, Çiva. Diese indische Dreieinigkeit, trimurti genannt, war eine Art Compromiß zwischen der echten alt-brahmanischen Einheit Gottes und der Vielgötterei, welche den Volkssitten behagte.

Aber auch der Buddhismus änderte seinen Charakter mit der Zeit. Keine Nation kann zuletzt das speculative Nichts verehren; immer wieder drängen sich ihr Götter- und Geistergestalten auf und die fromme Einbildung bevölkert die Leere mit ihren Bildern. Dem Çakja-muni, vor dessen Denken alles Sein und alle Götter sich in Nichts auflösten, lag sicherlich kein Gedanke ferner, als der, sich selbst an der Stelle des erloschenen Brahma zum Gott zu machen. Die ursprüngliche Buddhalehre kennt gar keine Gottesverehrung und keinen Cultus. Sie gibt nur Moralvorschriften und sie predigt nur Tugendübung. Aber die Nachfolger Buddhas betrachteten die Ueberreste seines Leibes und die Stätten, wo er gewandelt als wunderkräftige Heiligthümer und ihn selber als die Mensch-gewordene Gottheit. Sie stellten sein Bild auf in den Buddhatempeln und erwiesen ihm göttliche Verehrung. Unter dem Buddhagotte, der meist mit gekreuzten Beinen auf dem

Throne sitzend dargestellt wird, fanden die alten Volksgötter und die mancherlei guten und bösen Dämonen, welche durch Buddhas Zauberkraft gebändigt worden, von neuem Geltung in dem Aberglauben der Mönche und der Laien.

So näherten sich die beiden Religionen in mancher Hinsicht wieder durch gemeinsamen Volksglauben. In Indien aber nahm die brahmanische Geistesbildung und Litteratur im Kampfe mit der buddhistischen einen höheren und freieren Schwung. Während diese sich vorzüglich auf die theologische und moralische Wissenschaft mönchisch beschränkte, pflegte jene vielseitiger und lebensfrischer die Philosophie, die Rechtswissenschaft und die weltliche Dichtkunst.

Für den Staat aber wirkten beide Religionen im Ganzen nicht günstig. Der Brahmanismus, vorzugsweise der Geistesaristokratie förderlich, ließ die Thatkraft der großen Massen, die Freiheit der Individuen und die Einheit des Staats nicht zu gesunder Entwicklung kommen. Er schwächte so die Widerstandskraft der Nation gegen die fremden Eroberer und hinderte die Ausbildung eines wahren Volksstaats. Der Buddhismus aber, im Princip sogar staatsfeindlich, wenn gleich in der Praxis dem Staate fügsam, begünstigte schließlich nur einen ermäßigten Despotismus über die ruhesüchtige Laienwelt und eine entmannte Mönchswelt.

7*

IV.

Der mosaische Gott und der jüdische Staat.

Die hebräische Geschichte und unsre Erziehung. Theistische und relativ monotheistische Richtung der alten semitischen Religion. Furcht vor der göttlichen Naturgewalt. Unbedingte Hingabe der Menschen. Menschenopfer. Mose. Der Gott Jahve. Reiner Monotheismus. Keine Götter daneben. Kein Bildniß. Einheitliche Volksreligion. Die Israeliten als Priester- und Gottesvolk. Jahve als Geist noch mit der Natur verbunden und vorzugsweise als Nationalgott verehrt. Die Furcht Gottes. Wirkung des Mosaismus. Die religiöse und moralische Weltlitteratur. Weniger günstige Wirkung bezüglich der übrigen Geistesbildung und der Nationalwirthschaft. Wirkungen auf das Recht, wohlthätige und schädliche. Persönlichkeit, Ehe, Brüderlich-keit, Grundbesitz, Verkehr, Strafrecht, Gerichtsverfahren. Die Gottes-herrschaft und ihre Mängel. Königsherrschaft. Gegensatz von König-thum und Priesterthum. Prophetenthum. Religiöser, nicht politischer Beruf der Juden.

Obwohl uns die indischen Arier durch die ursprünglich gemeinsame Heimat, Sprache, Religion und Rechtssitte näher verwandt sind, als alle semitischen Nationen, so sind uns dennoch die semitischen Hebräer durch unsere religiöse Erziehung viel näher gebracht worden, als die stammverwandten Indier. Wir finden uns in den Bergthälern Palästinas leichter zu recht,

als in der indischen Halbinsel, der Jordan und der See Gene-
sareth sind uns bekannter als die mächtigen Ströme des Indus
und Ganges, und in Jerusalem fühlen wir uns ganz anders
zu Hause als in Arjavarta. Von den Patriarchen Abraham,
Isaak und Jakob und von seinen Söhnen weiß jedes Kind
zu erzählen, während nur die Gebildetesten von den Kämpfen
der Kuruinger mit den Panduingern und von dem frommen
Heldenleben Ramas gehört haben. Jeder Bauer weiß die
zehn Gebote des Mose auswendig und keinem Geschulten
sind die Psalmen oder die Schriften der Propheten unbekannt
geblieben, dagegen sind die Veden oder die Gesetze Manus
nur ganz Wenigen unter uns zu Gesichte gekommen. Von
früher Jugend an werden wir in die biblische Geschichte so
eingeführt, wie wenn sie die Geschichte unsrer Vorfahren wäre, und zuerst aus den heiligen Schriften, die
den Namen von Mose tragen, vernehmen wir die Geschichte
der Schöpfung und der Menschheit. Die Erinnerung
an diese ersten kräftigen Eindrücke unsrer Erziehung begleitet
uns durchs Leben und klingt in unsrer Seele nach wie die
Erinnerung an das Vaterhaus und an unsre Jugendzeit.

Deßhalb darf Jeder, der von diesen Dingen spricht, auf
ein breiteres und rascheres Verständniß rechnen und es genügt
oft ein einzelnes Wort oder eine leise Anspielung, um in dem
Hörer eine ganze Reihe von Bildern und Gedanken aufzu-
wecken. Aber auf der andern Seite wird auch die unbefangene
Aufnahme und Erwägung erschwert. Denn es haben in der
noch weichen Kindesseele die Vorstellungen der Jugendlehre
tiefe Wurzeln geschlagen und wenn nun die Resultate einer
wissenschaftlichen Untersuchung nicht zu den Bildern stimmen,

welche das kindlich-gläubige Gemüth vormals aufgenommen und seither wie ein Heiligthum bewahrt hat, so wird die Mittheilung jener wie eine Störung empfunden und es kostet im besten Fall einen inneren Kampf, um sich wieder zurecht zu finden.

Die männliche Wissenschaft kann nicht und darf nicht die heiligen Bücher mit derselben naiven Gläubigkeit betrachten, wie es dem Kinde natürlich ist. Ihr Beruf und ihre Pflicht, die Wahrheit zu erforschen, nöthigt sie zu freier Prüfung. Insbesondere hat die deutsche Wissenschaft schon seit langem gelernt, dieselben Mittel einer scharfen Kritik und einer verständigen Auslegung auf jene Schriften anzuwenden, wie auf die heiligen Schriften anderer orientalischer Völker oder auf irgend eine andere aus dem Alterthum überlieferte Litteratur; und wir haben keinen Grund, dieses Verfahren zu beklagen. Mögen unsere Voreltern vor hundert oder ein paar hundert Jahren viel bibelfester und bibelgläubiger gewesen sein als wir sind, so haben wir doch in Folge jener Arbeiten eine viel gründlichere und wahrere Kenntniß auch der Dinge gewonnen, über welche die Bibel berichtet. Der Horizont unsers Wissens hat sich erweitert und es ist uns leichter gemacht worden, die Sage von der Geschichte, und das Unwahre von dem Wahren zu unterscheiden. Dabei aber kann auch die echte Religion nicht Schaden leiden, wenn anders Gott die Wahrheit ist.

Wie in der Gottesidee der indischen Arier der pantheistische Zug überwiegt, so finden wir in den Gottesvorstellungen der semitischen Völker eine entschieden theistische Richtung. Das heißt, die Semiten trennen schärfer zwischen Göttern und Menschen. Der Semite sucht und findet das

Göttliche eher außer sich als in sich und sieht eine ungeheure Kluft zwischen dem allmächtigen Herrn und dem schwachen menschlichen Geschöpf. Der Gott ist der Herr, der Mensch ist der Knecht. Die Furcht vor Gott erfüllt und ängstigt seine Seele.

Der Semite wagt nicht, wie der arische Held, seiner Göttlichkeit bewußt, den offenen Kampf mit den Göttern. Wenn auch Jakob, wie die Sage erzählt, mit einem Gott mannhaft gerungen und deshalb den Namen Israel (Gotteskämpfer) erworben hat, so ist doch über diesen Kampf der Schleier der Nacht ausgebreitet, der Gott vermeidet den Anbruch des Tages und Jakob weiß nicht während des Kampfes, daß der Mann, mit dem er ringt, ein Gott sei. Das ist nicht die freie, offene Weise, wie der Arier im Licht der Sonne von Angesicht zu Angesicht die Götter zu bekämpfen wagt, wenn er sich im Rechte glaubt. Und selbst jene Sage des unbewußten Gotteskampfs erscheint völlig vereinzelt in der hebräischen Geschichte. Der unglückliche Hiob, der sich erfrecht hat, wider das göttliche Schicksal zu murren, wird mit heiligem Eifer auf die Pflicht demüthiger Ergebung in den göttlichen Willen hingeleitet. Ueberall wird der Mensch als völlig abhängig von seinem Schöpfer geschildert, und zu unbedingtem Gehorsam verpflichtet, bis zum Opfer seiner selbst.

Auch der alt-semitische Gottesglaube ist ursprünglich Verehrung der übermächtigen Naturgewalten. Das Licht und der versengende Strahl der Sonne, der freundliche und hinwieder verwirrende Schimmer des Mondes, der Sturm und das Gewitter, das fressende Feuer und die weiten Gewässer erscheinen auch den Semiten als göttliche Naturmächte, zu denen

der Mensch seine Gebete zu richten und denen er Opfer dar=
zubringen hat. Der Semite unterscheidet wohl, wie der Arier,
die verschiedenen Naturkräfte und gibt ihnen, indem er sie als
göttliche Personen denkt, bald eine männliche, bald eine
weibliche Gestalt. Aber er bildet sie doch nicht, wie der
arische Geist es thut, zu so selbständigen, menschenähnlichen
Göttern aus. Der semitische Himmel ist nicht einmal so reich
mit Göttern bevölkert, wie die indische oder die alt=germanische
Oberwelt, mit den schönen plastischen Gestalten des hellenischen
Olymps vollends hält die semitische Darstellung keinen Ver=
gleich aus. Die semitischen Naturgötter haben alle etwas Un=
geheuerliches, Ungestaltes, Unnahbares, oft auch Grauenhaftes
und Entsetzliches.

Aber eben deßhalb hat auch der semitische Glaube weniger
Zug zur Vielgötterei und von Anfang an eine mächtigere
Tendenz zur Einigung aller göttlichen Kräfte. Wir finden
diesen monotheistischen Charakter, trotz der Spaltung und
Scheidung der Erscheinungsformen, auch in der Religion der
Chaldäer zu Babylon und der Phönikier in Tyr und Sidon.
Im Grunde ist es doch Ein Gotteswesen, das in seinem
gnädigen und fruchtbaren Walten und Wirken bald in
männlicher Gestalt als Él, Bêl oder Bâl verehrt wird
und vorzüglich in der wärmenden, erleuchtenden und zeugenden
Sonne erscheint, bald hinwieder sich in weiblicher Gestalt
als Mylitta oder Aschera oder Baltis, in dem milden
Mondeslicht, in dem lieblichen Morgen= und Abendstern, in
dem bergenden und befruchtenden Gewässer, in dem empfangenden
Schooß der Erde sichtbar wird, und dieselbe Gottheit,
die hinwieder dem Menschen feindlich gesinnt, von Zorn und

Rache getrieben, sich in zerstörenden und verderblichen Wirkungen
äußert, das eine Mal als männlicher Moloch flammensprühend,
das andere Mal als wilde Kriegerin oder als rasende Göttin
der Sinnesliebe, als Astaroth oder Astarte. Zuweilen
einigt der semitische Glaube geradezu diese verschiedenen Seiten
Einer Gottheit in einem mann=weiblichen Ausdruck oder
stellt in den Cäremonien der Priester und Priesterinnen durch
wechselseitigen Umtausch der Kleider und Geräthe die innere
Mischung der beiden Geschlechter symbolisch dar.

Diese Götter verlangen die völlige Hingabe der
Menschen. Der Göttin der Fruchtbarkeit und der Sinnesliebe
weihen die Töchter des Landes ihre Jungfräulichkeit, und geben
sich selber der Liebesgöttin zur Ehre und Lust an geweihten
Tagen als Opfer den Fremden Preis, welche den Tempel
besuchen. Der grimmige Moloch frißt zu Hunderten und
Tausenden die Menschen, welche ihm geopfert werden. Nicht
etwa nur Feinde oder Verbrecher werden dem Gotte zum
Opfer dargebracht; um den zürnenden Gott zu versöhnen,
schlachtet auf Verlangen der Priester im Namen des Gottes
der Vater sein eignes Kind und stürzt der fromme Häuptling
gar sich selber in den Tod. In dem Opferdienst der indischen
Arier findet sich keine Spur von jener Preisgebung der
Jungfrauen noch von diesen Menschenopfern; und wenn wir
in der alten griechischen Heereensage Aehnliches finden, so ist
meistens heute noch der Faden erkennbar, der dieselbe mit den
semitisch=religiösen Einflüssen von Phönikien her verbindet. In
Babylon aber wie in Tyr waren beiderlei Gräuel eine
ganz gewöhnliche Erscheinung und es offenbarten darin die
abergläubische Furcht, der religiöse Fanatismus und die wilde

Sinnlichkeit der alt-semitischen Völker ihre entsetzlichen Wirkungen.

Ursprünglich war die religiöse Grundanschauung der Kinder Abrahams von der allgemeinen semitischen kaum sehr verschieden. Möglich ist's, daß der weise und gottesfürchtige Häuptling selber, der als Stammvater der Hebräer verehrt wird, mit Vorliebe sich an den männlichen Ausdruck der alt-semitischen Gottheit hielt und wesentlich nur den Êl verehrte. Aber auch er war bereit, dem Gotte das Liebste, was er hatte, den eigenen Sohn zum Opfer hinzuschlachten, und wenn gleich der Gott, den Gehorsam seines Knechtes gnädig bedenkend, sich dießmal mit dem Brandopfer eines Widders begnügte, so kennt doch die hebräische Ueberlieferung noch manche andere wirklich vollzogene Menschenopfer. Auch war anfänglich der Êl doch nicht ganz als Einheit gedacht, wie schon die oft gebrauchte Pluralform Êlohim (Götter) beweist. In den Êlohim werden die verschiedenen göttlichen Naturkräfte, die Eigenschaften Gottes als Götter sichtbar. Nur in geschlechtlicher Hinsicht scheinen von Anfang an die hebräischen Hirtenstämme keuscher und mäßiger geblieben zu sein als die semitischen Großstädter. Ein Cultus weiblicher Preisgebung ist wohl niemals bei ihnen zu Ansehn und Geltung gelangt.

Der großartigste Vertreter aber des einheitlichen und persönlichen Gottesglaubens in der alten Welt ist ohne Zweifel Mose. Wie weit uns auch die Strömung der Weltgeschichte von den Anfängen der Cultur wegführen wird, das hohe Bild dieses großen Propheten wird doch nirgends untergehn an dem geistigen Horizont der civilisirten Welt. Wahrhaft große Menschen erscheinen um so größer, je ferner der Standpunkt ist, von dem aus man sie betrachtet, wie man vom Meere her die hohen Gipfel der Alpen noch erglänzen sieht, wenn die näher liegenden Vorberge schon lange dem Blick entschwunden sind. Mir scheint, daß Michel Angelo kraft des eigenen Genies das tiefsinnige furchtbar-gewaltige Wesen des hebräischen Gesetzgebers in seiner berühmten sitzenden Statue an dem Grabmal Julius II. richtiger erkannt und würdiger dargestellt hat als es einem andern Schriftsteller oder Künstler geglückt ist; und ich bin der Meinung, daß die Kritiker, welche die späteren Propheten, die Ausbildner des jüdischen Gottesglaubens dem älteren Begründer dieses Glaubens und dem geistigen Schöpfer des jüdischen Volkes überordnen, auf einen bösen Irrweg gerathen sind. Wer eine so große und so lebensvolle Idee zuerst ins Leben einführt und unter so ungeheuren Schwierigkeiten die nöthigen Gesetze gibt und Institutionen schafft, um dieselbe dauerhaft zu erhalten, wer so wie Mose einem ganzen Volk auf Jahrtausende hin den Impuls seines Lebens aufnöthigt und ein unauslöschliches Charaktergepräge eindrückt, der hat ganz gewiß den innersten Kern der neuen Idee voller und ganzer erfaßt, als die, welche nach ihm dieselbe Idee in ihrem Wachsthum, in ihren Blüthen und Früchten mit treuem Fleiße und edelm Eifer pflegen. Die Berichte und Aussagen der Zeitgenossen sind für die rechte Würdigung schöpferischer Menschen keineswegs maßgebend, denn die Zeitgenossen sehen die kleine und vergängliche Außenseite des großen Mannes weit eher als das große innere Leben desselben, das er nur selten offenbart, und das von den Mitlebenden kaum stückweise verstanden wird.

Sicher ist der größte Theil dessen, was als Mosaische

Gesetzgebung zuerst im VII. Jahrhundert vor Christus wieder gefunden und bekannt gemacht und nun auf die Nachwelt überliefert worden ist, nicht von Mose selber verfaßt, der mehr als acht Jahrhunderte früher gelebt hatte. Aber eben so sicher sind die zehn Gebote, welche in die beiden steinernen Tafeln eingegraben und in der Lade bewahrt worden waren, das eigenste Werk dieses Mannes mit der schweren Zunge und den schwersten Gedanken. Nur ein höchst genialer Mensch vermochte in so riesigem Styl mit so wenigen einfachen Worten die Fundamentalsätze der göttlichen und menschlichen Ordnung auszusprechen und gleichsam aus granitenen Felsblöcken einen Unterbau zusammenzufügen, der die Wandlung der Zeit aushält.

Wir wissen nicht bestimmt, ob Mose den Begriff des Einen persönlichen Gottes, den er als Jahve Elohim (Jehova) seinem Volke verkündete, durch ursprüngliche Geistesarbeit selber gefunden oder vorerst durch Mittheilung von anderen Weisen oder aus der mütterlichen Familienüberlieferung empfangen hat. In Aegypten in der Priesterschule erzogen, später nach ägyptischen Berichten selber ein Priester des Osiris in der Sonnenstadt geworden, der Schwiegersohn eines andern ägyptischen Priesters war er unzweifelhaft in die religiöse Geheimlehre der ägyptischen Priesterschaft eingeweiht worden. Noch schroffer als die Brahmanen Indiens unterschied nämlich die Priesterkaste Aegyptens zwischen einer geistigeren und reineren Religion, welche sie als ihr ausschließliches Erbgut streng vor dem Blicke der Ungeweihten verschloß und der zum Theil sehr rohen Volksreligion, deren Götter sogar in Thiergestalt als Stiere oder mit Hundsköpfen von den stumpf-

sinnigen Massen verehrt wurden. Es ist möglich und sogar
wahrscheinlich, daß die Idee der Einheit eines geistigen Gottes
den eingeweihten Priestern nicht verborgen geblieben ist und
wir dürfen wohl annehmen, daß Mose durch die Geistesbildung,
welche er in der Priesterschule zu Heliopolis erhalten hatte,
angeregt, entwickelt und befähigt worden sei, der religiöse
Gesetzgeber seines Volkes zu werden. Aber trotzdem ist es
schon beßhalb zweifelhaft, ob Jahve ein ägyptischer Gottesbegriff
sei, weil Mose mit großer Energie im feindlichen Gegensatz
zu den ägyptischen Göttern die Verehrung Jahves als eines
national=hebräischen einführte und rechtfertigte.

Allerdings deutet der Ausdruck Jahve auf einen fremden
Gedankengang hin. Wenn nämlich das uralte Wort wirklich
sprachlich den Seienden bedeutet (vgl. II. Mos. 3, 14),
so ist dieser abgezogene Begriff und die Gleichstellung
des Seins mit Gott offenbar das Ergebniß philosophischen
Denkens und nicht die Ahnung eines gottgläubigen Gemüths.
Wir finden auch diese wesentlich philosophische Seite des
Jahvebegriffs weder anfänglich von Mose betont noch später
in der jüdischen Religion irgendwie erkannt und fortgebildet,
und dürfen wohl daraus schließen, daß sie nicht dem hebräischen
Gedankenkreis angehöre. Vielmehr weist diese in Palästina nicht
weiter entwickelte Idee entschieden auf die arische Denk=
weise hin, sei es nun, daß dieselbe zuerst von den indischen
Ariern ausgesprochen oder vielleicht von ägyptischen Weisen
— zumeist ebenfalls von arischer Abkunft — gelehrt oder
aus der iranischen Zendreligion geschöpft und an Mose ver=
mittelt worden ist.

Wie dem aber auch sein mag, der Gott, an den Mose

glaubte, der seine ganze Seele erfüllte und dem er sein Volk
weihte, war für ihn nicht ein speculativer Begriff, sondern ein
lebendiger Geist; Jahve war ihm der Schöpfer und Herr
der Welt, der Erlöser seines Volks aus der Knechtschaft, der
Einzigmächtige, neben dem kein anderer Gott bestehen konnte,
der hochheilige Geist, der nicht im Bilde dargestellt werden
und nicht im Bilde verehrt werden durfte, dessen Dienst die
Seele reinigt und heiligt.

Mose hat zuerst den Glauben an den Einen Gott mit
einem Nachdruck in die ganze Vorstellungs- und Denkweise
seines Volks eingepflanzt und in allen Einrichtungen des
öffentlichen und Privatlebens mit einer Kraft und Entschiedeheit
befestigt, wie sie nirgends sonst in der Weltgeschichte ebenso
energisch erscheinen. Die Brahmanen und die Buddhisten,
die ägyptischen Priester, die persischen Magier und die hellenischen
Philosophen bequemten sich doch der Volkssitte an, welche an
mancherlei Götter glaubte. Aber Mose machte vollen heiligen
Ernst mit der Einheit Gottes und duldete keine Vielgötterei daneben. Selbst den Gegensatz des Guten und
des Bösen, den die Religion der arischen Zendvölker so eifrig
betonte und den die alt-semitischen Religionen in etwas anderer
Form auch kannten, ließ er nicht zu besonderer Personification
kommen. Wenn in dem Mythus vom Sündenfall eine dort
räthselhafte Schlange erscheint und zum Bösen verleitet, so
findet zwar diese Schlange ihre Erklärung in dem ausgebildeten
Dualismus der Zendreligion, aber in der Religion des Mose
spielt sie keine ähnliche Rolle und nirgends tritt in ihr jener
Dualismus von Gott und Teufel hervor, den erst in
späteren Jahrhunderten die Juden von den Persern, aus der

arischen Religion der Zarathustra entlehnten. Mose erkannte
an, daß in dem Einen Jahve mehrere göttliche Kräfte und Eigen=
schaften zusammenwirken, daß also die Elohim in Jahve seien,
er unterschied zwischen dem gnädigen und dem zürnenden Gott,
aber es war immer für ihn derselbe Eine Gott, der sich
bald gnädig, bald zornig erwies.

Auch das strenge Verbot, ein Bildniß von Gott
zu machen, ist wohl ein ursprüngliches Gesetz der steinernen
Tafel und ist von Mose selber zum Schutz des geistigen Gottes=
glaubens erlassen, den er verkündet hat. Jede bildliche Dar=
stellung Jahves brachte damals die Gefahr mit sich, daß die
reine geistige Gottesvorstellung zur Creatur erniedrigt und
dann einem Gottesbilde andere Götterbilder gegenüber gestellt
werden. Die scheinbar widersprechenden Berichte von der ehernen
Schlange, die Mose gemacht, und welcher die Juden geräuchert
haben, und von dem kleinen Jahvebilde, das David wie ein
Heiligthum mit sich geführt, beweisen nur, was wir auch sonst
wissen, wie schwer es war, das Verbot gegen die Sitte aller
andern Völker, mit denen die Juden verkehrten, und gegen
ihre eigene ältere Gewohnheit im Leben durchzuführen. Daß
Mose mit seinem eigenen Bruder Aaron darüber zu Streit kam,
und dieser eher bereit war, dem sinnlichen Verlangen des
Volkes zu willfahren, zeigt der bekannte Vorgang am Berge
Sinai, als Aaron ein goldenes Rind schuf und der Verehrung
überließ, während der Prophet in einsamer Zurückgezogenheit
die Gesetze Jahves in den Stein eingrub. Der an ägyptische
Bildnerei erinnernde Schmuck der Altäre und der Bundeslade
aber ist keine Verletzung jenes Verbots und zeigt, daß Mose

— weniger einseitig als Buddha — die Kunst nicht verschmähte, um das Heilige würdiger darzustellen.

Vor Mose hatte es Niemand gewagt, die Verehrung des Einen Gottes zur Volksreligion zu machen. Ueberall sonst und auch während vielen Jahrhunderten nach Mose noch allenthalben war der reinere und einheitliche Gottesgedanke und Gottesglaube das aristokratische Vorrecht der Weisen und Priester. Mose allein machte ihn zum Gemeingut Aller, auch des einfachen Mannes und sogar der Frauen und der Kinder. Dadurch heiligte er sein Volk und erhob es insgesammt auf die Würde eines Priestervolks. Die in Aegypten als Unreine verabscheuten und als Hirten verachteten und selbst von den Semiten der großen Handelsstädte gering geschätzten Kinder Israels wurden dadurch in ihrem Selbstbewußtsein geheiligt und geadelt. Sie waren nun ein Gottesvolk im höchsten Sinne des Worts geworden, wie es kein Zweites mehr gab. Das durch Mose geweckte Gefühl dieser Würde und der fortgepflanzte Glaube an den hohen Beruf, die Verehrung des Einen Gottes allein mitten unter den Heiden rein zu erhalten vor dem Gräuel der Vielgötterei, waren mächtige Erziehungsmittel, um die mosaische Religion gegen die Angriffe von außen und gegen den inneren Verfall zu sichern. Wenn trotzdem nicht selten halbe und ganze Rückfälle in die Vielgötterei auch bei den Juden vorkamen und sogar der König Salomo in diese Verschuldung gerieth, so werden wir die ungeheure Energie des Mose nur um so höher achten müssen, die schließlich doch in ihren Nachwirkungen über alle innern und äußern Schwierigkeiten siegte.

In zwei Beziehungen ist übrigens der Jahveglaube
des Mose von der späteren Lehre der Propheten einiger=
maßen verschieden. Der Gott des Mose ist zwar wesentlich
Geist, aber dieser Geist ist noch nicht scharf geschieden von der
großen elementarischen und kosmischen Natur. Der Geist
und die Natur sind noch mit einander verbunden.
Jahve wohnt im Himmel und thront über den Wolken. Er
erscheint in der Feuerflamme und naht sich im Gewitter. Der
Wind weht vor ihm her und die Wolke umhüllt seine Gestalt.
Wer sein Angesicht erblickt, der ist des Todes, der wird von
seinem Blicke versengt. Nur vom Rücken her darf ihn Mose
ungestraft schauen. Aber Mose hört doch mit dem leiblichen
Ohr seine Stimme und wagt es, mit ihm zu sprechen. Sogar
das erschrockene Volk vernimmt im Donner seine Worte.

Es entspricht durchaus dieser Gottesidee, daß Jahve
ursprünglich nicht in einem von der äußern Natur abgeschlossenen
Tempel sondern vorzugsweise auf den reinen Bergeshöhen im
Angesicht der herrlichen Gottesnatur verehrt, daß ihm
unter freiem Himmel und in reinerer Luft die heiligsten
Opfer dargebracht wurden. Als später in Jerusalem ein
Gottestempel gebaut und der feierlichste Gottesdienst dahin
verlegt ward, als die Opfer auf den Höhen sogar verboten
wurden, da . waren das theils Wirkungen theils Ursachen
eines veränderten Gottesglaubens, wie er nun am
reinsten durch die Propheten verkündigt ward. Der geistige
Zug, der von Anfang an die Jahvereligion durchdrang, gelangte
nun zu ausschließlicher Herrschaft. Die alte Verbindung Gottes
mit der Natur wurde aufgelöst und die Natur als etwas
Frembes, Außergöttliches und beziehungsweise Niedriges dem

8

Schöpfer des Himmels und der Erde gegenüber gestellt. Die ganze spätere Gottesidee der Juden bekam so allmählich einen einseitig spiritualistischen Charakter.

Sodann erscheint der mosaische Gott noch vorzugsweise als jüdischer Nationalgott, als der Gott Israels. Die ganze Verfassung des Volks, wie sie durch Mose mit neuem Geiste erfüllt und dadurch umgebildet wurde, zeigt nun den theokratischen Charakter in entschiedenster Weise. Zwischen dem Gotte Jahve und dem Volke Israels besteht ein enger Bund. Jahve ist in besonderem Sinne der Erlöser und zugleich der König Israels und das Volk ist in besonderem Sinne ihm geheiligt und ihm unterthan. Insofern diese bestimmte und eng beschränkte Beziehung Gottes zu dem jüdischen Volke als wesentlich und entscheidend in den Vorder= grund trat, insofern wurde der höhere Gedanke eines uni= versellen Gottes, welcher die ganze Welt regiert und alle Völker beherrscht, verdunkelt und leicht vergessen. Es ist nicht glaublich, daß Mose selbst in jener beschränkten nationalen Vorstellung eines bloßen Judengottes befangen gewesen sei. Dem widerspricht nicht bloß die Geisteshoheit des Mannes, sondern auf das bestimmteste auch die alte Schöpfungssage. Der allmächtige Gott, der — nach theistischer Vorstellung — durch sein „Es werde" auf einmal oder in rascher Folge, ohne allmähliche Entwickelung, das Licht und die Finsterniß schied, die Gewässer und die feste Erde trennte, Sonne, Mond und Sterne an dem ruhenden Himmelsgewölbe ins Dasein rief und um die dunkle Erde kreisen ließ, sie zu erleuchten, der dann ebenso plötzlich auf der Erde Pflanzen, Thiere und Menschen erschuf, und das Alles in sechs Schöpfungstagen, denen der siebente

Ruhetag folgte, dieser Gott war für die Erde und für die Menschheit, wie für die Natur überhaupt als ein univer= seller Weltgott, nicht als bloßer Landes= und Stammes= gott erkannt.

Wenn daher Mose, auch auf die Gefahr eines schweren Mißverständnisses hin, trotzdem den Jahve nachdrücklichst als Gott Israels verkündete, so mochte er dabei theils die beschränkte Fassungskraft des Volks berücksichtigen, theils und mehr noch sich von Gründen der Erziehungsweisheit und einer verständigen Politik bestimmen lassen. Für die nächsten Jahrhunderte nach ihm ließ sich die Verehrung des Einen Gottes nur in dieser national= beschränkten Form mit Aussicht auf Erfolg behaupten. Es war für diesen großen Zweck unerläßlich, alle nationalen Ge= fühle, Interessen und Vorurtheile aufs höchste zu spannen, und die Existenz des Einen Gottes auf das innigste mit den Institutionen und der Lebensaufgabe des besondern priester= lichen Gottesvolkes zu verflechten. In späterer Zeit konnten die Propheten ohne Schaden die universelle Bedeutung Gottes wieder beleuchten und dadurch den Gottesglauben auch des jüdischen Volkes erhöhen und erweitern.

Ueberhaupt wurde der alt=mosaische Gottesglaube und der Gottesdienst durch die Propheten mehr vergeistigt und in einiger Hinsicht auch veredelt. Entschiedener als das früher geschehen, legten sie nun allen Nachdruck auf die Gesinnung, auf die innere Heiligung des Herzens. Auch sie sahen Gott, aber nur mit dem Geistesauge, und vernahmen die Stimme Gottes, aber nur in dem inneren Gewissen. Ihnen galt der äußere Gottesdienst für nichts, wenn nicht im Innern der Seele Gott verehrt wurde, wenn nicht in tugendhaftem

8*

Leben die Heiligung sich bewährte. „Ich bin satt der Brand= opfer von den Widdern und des Fettes von den Mastkälbern, und ich habe keine Lust am Blut der Farren, der Lämmer und der Böcke. Euer Rauchwerk ist mir ein Gränel. Waschet und reinigt Euch. Thut euer böses Wesen von meinen Augen, lernet Gutes thun, trachtet nach Recht, helst dem Unterbrückten, schaffet den Waisen Recht und helfet der Wittwen Sache". So läßt Jesaia (1, 11—17.) den Herrn sprechen und weiter: „Darum, daß dieß Volk zu mir nahet, mit seinem Munde und mit seinen Lippen mich ehret, aber ihr Herz ferne von mir ist und sie die Menschensatzung statt meiner fürchten, so will ich auch mit diesem Volke wunderlich um= gehen, daß die Weisheit seiner Weisen zu Falle komme und der Verstand seiner Klugen verblendet werde" (Jes. 29, 13. 14.). Wiederholt mahnen nun auch die Propheten daran, daß Gott der Gott aller Völker sei und daß Nichts ihn hindere, auch die Kinder Israels zur Strafe für ihre Missethat in die Ge= walt der Heiden zu geben.

Den Grundton aber des ganzen Jahvedienstes, auch in der prophetischen Zeit, bildet noch immer die Furcht vor Gott. Zwar wird auch die Liebe zu Gott nachdrücklich gelehrt: „Du sollst den Herrn, deinen Gott, lieb haben von ganzem Herzen, von ganzer Seele, von ganzem Vermögen" (V. Mos. 6, 5.); aber viel öfter und eifriger wird zur Furcht Gottes ermahnt, und vor dem Zorn und der Rache Gottes gewarnt. Die Propheten insbesondere wirken gerade dadurch am heftigsten auf das Volksgemüth, daß sie auf das furchtbare und nahe Strafgericht des rächenden Gottes hinweisen, der das Land verwüsten, die Stadt zerstören, die Häuser zerbrechen,

die Gottlosen mit dem Schwerte erschlagen, und Weiber und
Kinder der Lust und Wuth der Fremden zur Beute geben
werde. Die milderen Bilder der Barmherzigkeit und Gnade
Gottes vermögen kaum jenen Schrecken einiges Gleichgewicht
zu halten. Ja so sehr sind die Propheten selber geängstigt
in ihrem Geiste, daß sie sich fürchten, den Namen Jahves auszusprechen und ihn lieber mittelbar als den „Herr der
Heerschaaren" oder einfach „als den Herrn" anrufen.
Ueberall weisen sie auf die Pflicht und das dringende Bedürfniß hin, den zornigen Gott durch Opfer und durch Heiligung
zu besänftigen und zu versöhnen.

Ueberblickt man die Wirkungen des mosaischen Gottesglaubens auf das Gemeinleben der Juden, und durch deren
Vermittlung auf die Menschenwelt, so wird ein unbefangenes
Urtheil denselben einen sehr verschiedenen Werth zuschreiben. Am
günstigsten hat dieser Glaube offenbar in religiöser und
moralischer Beziehung gewirkt. Vor allen hat er die Juden
zu einer religiösen Litteratur angeregt, gewaltiger und
herrlicher, als sie irgend eine andere Nation hervorgebracht
hat. Heute noch ergreifen die Schriften der Propheten und
die Psalmen der Sänger mit unwiderstehlicher Gewalt die
Herzen von Tausenden. Die Tiefe der Gedanken, die Energie
der Gesinnung, die Macht der Sprache wirken während Jahrtausenden mit urkräftiger Frische fort. Unzählige Menschen
haben in diesen Schriften Ermuthigung in der Noth, Stärkung
im Unglück, Trost im Leiden, Hoffnung in der Gefahr, Erhebung der Seele gefunden und Unzählige werden auch in
Zukunft noch aus dieser Quelle ihren Durst nach Gerechtigkeit
löschen und ihren Glauben an die göttliche Weltregierung

erneuern. Diese Schriften sind nicht das Werk wissenschaft=
lichen Denkens noch einer künstlerischen Bildungskraft. Sie
sind durchweg der Ausdruck eines leidenschaftlich bewegten
Gefühls, der Ruf einer nach Gott lechzenden Seele, sie sind
getragen und gehoben von dem Strome religiöser Begeisterung.
Eben deßhalb sprechen sie so mächtig vom Herzen zum Herzen,
aber aus demselben Grunde können sie auch leicht mißbraucht
werden, um die Leidenschaften aufzuregen und dem Fanatismus
Nahrung zu geben.

Von nicht geringerem und ebenso bleibendem Werthe ist
neben der religiösen die moralische Bedeutung dieser heiligen
Schriften. Eine reiche Fülle fruchtbarer moralischer Wahr=
heiten hat in ihnen einen ergreifenden und eindringlichen
Ausdruck gefunden, und ist durch die religiöse Form der
Sprache mit der Weihe der göttlichen Autorität besiegelt
worden. Die Pflichten der Gerechtigkeit gegen Andere, vor=
züglich aber gegen die Hülflosen und Armen, der Selbstüber=
windung, der Ergebung in den göttlichen Willen sind niemals
nachdrücklicher gelehrt, die eitle Hoffart, die Härte des Herzens,
der gottlose Uebermuth nirgends abschreckender gezeichnet worden.
Die Pietät gegen die Eltern, die Keuschheit des Weibes, die
Brüderlichkeit aller Volksgenossen, der Höchsten wie der Nied=
rigsten, die Tugend der Nächstenliebe und der Sorge für die
Armen werden hier in heiliger Sprache den Menschen tief ein=
geprägt. Ob wir gleich die humane hellenisch=römische Welt=
bildung nicht gering schätzen und anerkennen, daß in jener
jüdischen Tugend auch die dunklen Züge einer ängstlichen und
eng=beschränkten Geistesrichtung und eines geringen Verständ=
nisses ja sogar einer thörichten Scheu vor der Macht der Natur

oft genug sichtbar werden und derselben ein finsteres Ansehn geben, so hat doch der Gang der Weltgeschichte bewiesen, daß auch die europäische Menschheit der moralischen Zucht des Mosaismus bedurfte, um sowohl über den Sittenverfall in dem römischen Weltreich als über den rohen und unbändigen Trotz des germanischen Wesens hinaus zu kommen und zu einer edleren Gesinnung zu gelangen.

Die weltgeschichtliche Bedeutung der mosaischen Religion und der mosaischen Gesetzgebung offenbart sich endlich am herrlichsten in ihrer Beziehung zu den beiden universellen Religionen der späteren Zeitalter, zu dem Christenthum und dem Islam. Freilich hat Mose diese Wirkung seines Lebens und seiner Werke nicht vorher sehen können. Er hat nicht einmal geahnt, daß die furchtbare Zucht, die er übte, um sein Volk zum Träger des reinen Gottesglaubens tauglich zu machen, eine nothwendige Vorbedingung sei, damit auf diesen wilden und knorrigen Stamm des gottgeweihten Judenthums viele Jahrhunderte später das edle Reis des Christenthums gepfropft werden könne. Wenn trotzdem der Zusammenhang und die geordnete Folge der Weltgeschichte ihn als einen Vorarbeiter für Christus und als einen Vorläufer von Mohammed darstellt, so wird in unserm Urtheil die unermeßliche Bedeutung des Mannes nicht geringer erscheinen, weil er ihrer selber nicht völlig klar geworden und weil er zugleich ein unbewußtes Werkzeug in der Hand des bewußten Gottesgeistes war, der die Weltgeschichte von weitem her an seinen Zügeln leitet, und dem Mose zuerst ein ganzes — wenn auch kleines — Volk zugeführt hat.

Nicht ebenso günstig erwies sich die energische und sogar

leidenschaftlich religiöse Richtung, welche Mose dem ganzen
Leben seines Volkes eingepflanzt hatte, für die übrige welt=
liche Geistesbildung und die wirthschaftlichen Fort=
schritte desselben. Zu einer auch nur einigermaßen ihren
religiösen Schriften ebenbürtigen weltlichen Litteratur haben es
die Juden nie gebracht. Immer drängte sich die religiöse
Betrachtung vor und stand der bloß menschlich=freien hindernd
im Wege. Die weltliche Poesie, wie wir sie z. B. in der
lieblichen Idylle vertreten finden, die unter dem Namen des
Hohenliedes bekannt und gewöhnlich mißverstanden worden ist,
nimmt doch in den heiligen Schriften nur einen ganz be=
scheidenen und völlig untergeordneten Platz ein, und hat sich
nie zum Epos oder zum Drama erhoben. In der Wissenschaft
haben die alten Hebräer weder ihre ägyptischen Lehrer, noch ihre
Rassegenossen, die Chaldäer, erreicht. Von den stammverwandt=
ten Assyrern werden sie in der künstlerischen Tüchtigkeit, von
den Babyloniern in der Bodencultur, in den Handwerken und
in aller industriellen Thätigkeit weit übertroffen. Ihre Archi=
tekten erhalten sie aus Phönikien und selbst im Handel, für
den sie doch von jeher eine natürliche Fähigkeit besitzen, stehen
sie weit hinter den Phönikiern zurück, die schon lange den
Welthandel betrieben hatten, während sie noch immer in der
Kleinkrämerei befangen blieben.

Am wenigsten günstig erscheint aber ihre einseitig religiöse
Lebensrichtung in ihrer Wirkung auf das Recht und den
Staat.

Wenn die Rechtsordnung der semitischen Juden der gleich=
zeitigen Rechtsbildung mancher arischen Völker an Reichthum
der Formen und an Freiheit der Entwicklung unzweifelhaft

nachsteht, so können wir diesen Mangel zum Theil aus der geringeren Befähigung der semitischen Rasse überhaupt für die Rechtscultur erklären. Aber nicht ganz. Ein Theil dieser Gebrechen fällt auf Rechnung der religiösen Grundanschauung, des Mosaismus.

Zwar hat die mosaische Religion auch in manchen und wesentlichen Beziehungen einen wohlthätigen Einfluß auf das Recht geübt, in denen voraus, die ihrer Natur nach mit religiösen Ideen und moralischen Wahrheiten enger verbunden sind. So voraus in der Anerkennung der persönlichen Menschenwürde. Ist es auch damals noch nicht gelungen, alle die wichtigen Folgerungen des entscheidenden Central= gedankens, daß der Mensch zum Ebenbilde Gottes geschaffen sei, klar zu machen, die Aussprache dieses Grund= satzes für sich schon, die zuerst wohl Mose zu verdanken ist, war ein großer Fortschritt in der Geschichte des Menschen= geschlechts.

Weiter mit Bezug auf die Ehe, deren Heiligkeit die X Gebote gegen offenen Bruch und selbst gegen unlautere Gesinnung schützen. Das Verbot der Ehen unter nahen Blutsverwandten und die Bedrohung des mit einer Ehefrau verübten Ehebruchs mit der Todesstrafe zeugen für den Ernst dieser Gesetzesvorschriften; und wenn gleich das Recht des Mannes, die Frau zu verabschieden, in weitem Umfang an= erkannt und die Zwei= und Mehrweiberei von dem Gesetze erlaubt war, so zeichnet sich doch die jüdische Sittengeschichte im Gegensatze zu den Sitten der benachbarten und der verwanten Nationen schon im Alterthum sehr vortheilhaft durch höhere Reinheit und Keuschheit, und durch wechselseitige Treue und

enges Zusammenhalten der Ehegatten aus. Ohne äußerliche
Veränderung der Gesetze hat sich dann, angeregt von dem
religiös-politischen Geiste der Jahveligion, mit der Zeit wie
eine langsam reifende Frucht die Monogamie bei den
Juden als die allein würdige Ehe thatsächlich herausgebildet.

Ebenso in dem engen Verbande des Hauses, insbesondere
in dem nächsten Verhältniß der Kinder zu den Eltern.
Den Kindern wird der Gehorsam gegen die Eltern aufs
strengste eingeschärft, und die Ungebühr oder die Auflehnung
der Kinder gegen ihre Eltern sogar mit dem barbarischen
Zuchtmittel der Steinigung bedroht. Noch heute zeigt sich aber
die wohlthätige Wirkung dieser freilich übermäßigen Strenge
der alten Gesetze, indem die Verehrung der Eltern und der
engste Zusammenhalt der Familienglieder in Fleisch und Blut
der Juden übergegangen ist, und fortwährend fortgepflanzt wird.

Ferner gereichen die zahlreichen und scharfen Verbote
aller Unzucht und jeder unnatürlichen Wolluft gegenüber den Unsitten und den geschlechtlichen Ausschweifungen
anderer semitischen Völker, der Jahveligion zur Ehre, obwohl
dieselben auch nicht frei sind weder von grausamer Härte der
Strafmittel, noch selbst von übertriebener Aengstlichkeit. Der
Hinblick auf die entsetzliche Liederlichkeit in den benachbarten
heidnischen Städten, welche dort ebenso von der Religion begünstigt, wie hier durch die Religion gezügelt ward, erklärt
und entschuldigt es, daß die jüdische Gesetzgebung hier den
Maßstab der Menschennatur nicht immer beachtet hat.

Endlich verdient noch das Princip der allgemeinen,
nationalen Brüderlichkeit als eine der größten Er-
rungenschaften des Jahvethums hervorgehoben zu werden.

Nicht bloß duldet Mose keine Kastenunterschiede in seinem Volk. Er prägt durch seine Institutionen und Gesetze dem ganzen Volke in allen Berufs- und Gesellschaftsclassen das Gefühl der wesentlichen Gleichheit und Brüderlichkeit tief ein. Das Haus Israel ist Eine große Familie, geschaffen von dem Einen Gott, abstammend von denselben Stammes- eltern, verbunden durch dieselbe Religion, durch dasselbe Gesetz und dasselbe Vaterland. Selbst der Priesterstamm, welcher sich dem Jahvedienst in höherem Grade gewidmet hat, ist ein Bruderstamm aller andern Volksstämme, und der Richter und Fürst eines Stammes oder sogar des ganzen Volks bleibt trotz der obrigkeitlichen Gewalt, die er ausübt, ein Bruder aller seiner Volksgenossen, ganz ebenso wie der Reiche der Bruder des Armen und sogar der jüdische Herr der Bruder seines jüdischen Dieners bleibt. Nur in engen Schranken und nur vorübergehend erkennt daher das mosaische Gesetz die herge- brachte Eigenschaft an; je das siebente Jahr, welches als das Sabbatjahr in höherem Sinn Jahve gewidmet ist, wird daher für den jüdischen Knecht zum Freiheitsjahr, oder es löst doch das endliche, ebenfalls Jahve geweihte Jubeljahr alle hebräische Eigenschaft.

Sind so die Persönlichkeit, der Ehe- und Hausverband, die Stammes- und Volksgenossenschaft durch die Jahvereligion geheiligt und vor Entwürdigung und Mißachtung zum Theil mit blutigem Ernste geschützt, so ist dagegen die Verehrung Jahves als des Herrn des Volkes und Landes ein Hemmniß der Ausbildung des Grundeigenthums. Das Land ist Gottes und er überläßt auch den fruchtbaren Ackerboden zunächst seinen Knechten nur zu erblichem Bau und Genuß. Bei der

Vertheilung des Landes soll jeder Familie ein Erbacker zu-
geschieben werden, welcher ihr allezeit verbleibe. Aber wie die
Arbeit der Menschen an jedem siebenten Wochentage ruhen
soll, damit alles Volk an diesem Sabbattage Gottes gedenke,
so soll auch alles Land jedes siebente Jahr ausruhen von
seiner Arbeit und sich in der ursprünglichen Ruhe erholen.
Da soll kein Pflug darin Furchen ziehen, keine Hacke den
Boden aufreißen, keine Sichel und keine Sense die Früchte
schneiden. Was freiwillig wächst, das soll den Armen gehören
und frei von dem Wilde abgeäzt werden (II. Mose 23, 10 f.
III. 25, 3 f.). Je nach siebenmal sieben Jahren aber, in
dem Jubeljahre sollen alle Familien ihren Erbacker wieder
erhalten, auch die inzwischen Andern geliehenen oder veräußerten
und alle Lasten der Erbgüter und Ansprüche Dritter darauf
erlöschen. Obgleich mit der religiösen Absicht, auch die Natur
durch den Jahredienst zu heiligen, die große nationale Absicht
des Gesetzgebers verbunden war, ein Volk von freien Hausvätern und Grundbesitzern zu schaffen und für alle Zukunft
zu erhalten, mit möglichster Beseitigung jeder dauerhaften
Armuth und Knechtschaft und die Energie der dazu verwendeten
Mittel uns neuerdings mit Achtung vor dem Charakter des
Mose erfüllt, so können wir doch auf der andern Seite nicht
übersehen, daß diese Gesetze für die regelmäßige Bodenwirthschaft
in Aeckern, Weinbergen und Oelbaumpflanzungen schwere Nachtheile herbeiführten, die Sicherheit des Grundeigenthums störten,
seine Ausbildung erschwerten und vielfältig mit den natürlichen
Bedürfnissen des menschlichen Gemeinwesens in Streit geriethen.
Der Gedanke, vermuthlich in der Wüste ausgebildet, ist denn
auch schwerlich, nachdem das Land Kanaan wirklich in

Besitz genommen war, zu regelmäßiger und vollständiger Durch=
führung gelangt. Mit Bezug auf die städtischen Häuser mußte
er in der Gesetzgebung selber aufgegeben werden (III. M.
25. 26.).

Aeußerst dürftig ferner sind die Gesetze über den bürger=
lichen Verkehr und die Verträge, und das mosaische Ver=
bot, Zinsen von den Brüdern zu nehmen für geliehenes Geld,
war nicht geeignet, eine mannigfaltige Entwicklung der Gewerbe
und des Handels zu fördern. Es war nur bei einer rohen
und wenig veränderlichen Bodenwirthschaft irgend erträglich.
Den Verkehr mit dem Ausland mußte es in hohem Grade
erschweren und die ökonomische Ueberlegenheit der Phönikier
und Babylonier über die Juden verstärken.

Das ganze alt=jüdische Strafrecht ferner macht einen
rohen und grausamen Eindruck. In schroffester aber bezeich=
nender Sprache wird der Grundsatz der Wiedervergeltung
verkündet: „Seele um Seele, Auge um Auge, Zahn um Zahn,
Hand um Hand, Fuß um Fuß, Brand um Brand, Wunde
um Wunde, Beule um Beule" (II. Mos. 21, 23—25.) So
furchtbar streng war das Strafgesetz, daß die Todesstrafe
geradezu als die regelmäßige Strafe fast für alle Vergehen
angedroht wird, bei denen irgendwie die Heiligkeit des Gottes=
gesetzes mißachtet und die Majestät des Gotteskönigs verletzt
erschien, sogar bei bloßer Uebertretung der Sabbatgebote,
oder bei Verletzung des kindlichen Gehorsams. Und diese
Todesstrafe wurde zumeist in der martervollen und leidenschaft=
lichen Form der Steinigung durch die erzürnte Gemeinde
selbst vollzogen. Freilich konnte von dem Standpunkte der
Gottesherrschaft aus, welche Mose einführte, zwischen religiösen,

moralischen und Rechtsgeboten höchstens in dem Sinne unter= schieden werden, daß die Mißachtung der erstern noch strenger zu bestrafen sei als der Rechtsbruch, damit der Zorn Gottes wieder versöhnt werde.

Das schlimmste von allem aber war, daß in dieser mo= saischen Gesetzgebung für kein geordnetes Gerichtsver= fahren gesorgt war, welches den Angeklagten vor der Wuth seiner Ankläger und vor der Leidenschaft seiner Richter schützte und die nöthigen Garantien für eine besonnene und maßvolle Rechtspflege gewährte. Dem nicht selten fanatischen Eifer für das Heilige war viel zu viel Einfluß eingeräumt, und von der augenblicklichen Gemüthsaufregung oder gar von dem Befragen der unsicheren Loose oder unzuverlässigen Gottes= urtheilen viel zu vieles abhängig gemacht. Das Alles mochte für die große Aufgabe der religiösen Erziehung des Volkes zweckmäßig, vielleicht nöthig erscheinen. Aber dem juristisch gebildeten Verstand wird es trotzdem als höchst fehlerhaft und barbarisch vorkommen und er wird sich nimmermehr bereden lassen, daß das sogenannte „göttliche Gesetz Jahves" ein nachahmungswürdiges Vorbild für die menschliche Gesetz= gebung eines civilisirten Volkes oder gar deren nothwendige Grundlage sei.

Mit derselben unerhörten Energie, mit welcher Mose die Verehrung des Einen Gottes forderte, wollte er auch den jüdischen Staat zu einem heiligen Gottesreiche machen, das keinem andern König als dem Gott Jahve selber in allen Dingen gehorche. Es hat vor der mosaischen Gesetzgebung auch Priesterstaaten und Reiche gegeben mit mehr oder weniger theokratischer Verfassung; aber nirgends sonst war mit der

Gottesherrschaft so voller und blutiger Ernst gemacht worden, wie in dem neugegründeten mosaischen Staate. Bei keinem andern Volke waren auch die Bedingungen der Theokratie günstiger, als bei den Israeliten, deren Glaubenseifer und Gottesfurcht auf die reinste Gottesverehrung hingelenkt war, und deren halb aus Hirten=, halb aus Bauernthum gemischte schlichte Lebensart in den abgeschlossenen Bergthälern in einfach=gleichmäßiger Weise zugleich religiös und politisch befriedigt werden konnte.

Dennoch hat sich nicht einmal da die Gottesherrschaft als eine für ein menschliches Gemeinwesen taugliche Staatsform bewährt. Obwohl Mose selbst, ergriffen von dem wahren Gefühl seines göttlichen Berufs und der heiligen Bestimmung seines Volks und erfüllt von dem aufrichtigen Glauben an die göttliche Weltregierung, darauf vertraute, daß der Eine Gott Jahve sein auserwähltes Volk wirklich regieren und führen werde, und obwohl das Volk und die Priesterschaft zumal anfänglich von demselben Glauben großentheils bestimmt ward, so gab es doch von Anfang an kein sicheres Kennzeichen einer wirklichen Gottesregierung im Einzelnen und Kleinen, und bedurfte der Gott, der als allmächtiger und vollkommener König gedacht wurde, schwacher, leidenschaftlicher und beschränkter Menschen, welche für ihn und in seinem Namen handelten, und dem vermeintlichen Gotteswillen durch ihre Worte und Handlungen doch das Gepräge ihrer Menschlichkeit eindrückten. Von Anfang an und in der besten Zeit war daher das Königthum Jahves mehr Einbildung als Wirklichkeit. Als aber der Glaube an die fortwährende

Gottesoffenbarung ins Schwanken kam und dann ganz zu=
sammenbrach, da hatte vollends jene Fiction keinen Sinn mehr.
Im alten Volksglauben und in der Lehre der Priester war
Jahve der Gesetzgeber. Freilich hatte er das Gesetz dem
Propheten Mose geoffenbart, der es niederschrieb und dem
Volke vorlegte, und es hatte die Volksgemeinde demselben
ausdrücklich zugestimmt. Die Thätigkeit der Menschen war
also nicht zu entbehren, wenn gleich sie nicht zu voller Geltung
gelangte. Ueberdem hinderte jener Glaube die Aenderung und
Verbesserung der Gesetze, deren göttliches Ansehen keine Kritik
ertrug. Während daher die Bedürfnisse des Lebens sich än=
derten und die Cultur mit der Zeit Fortschritte machte, war
die Gesetzgebung des Landes zum Stillstande verdammt und
veraltete allmählich, ohne durch eine bessere neue ersetzt zu
werden. Der Gott Jahve ferner galt in Person als der
oberste Richter; aber in Wahrheit wurde die Rechtspflege
von menschlichen Richtern geübt, bald weltlichen bald priester=
lichen, welche beide den Parteien nicht ins Innere ihrer Seele
sehen konnten und nicht immer von der Gerechtigkeit allein
ihr Urtheil bestimmen ließen. Die Befragung der Loose vollends
bot gar keine Gewähr für die Richtigkeit des Entscheids.
Das ganze Gerichtswesen, trotz seiner idealen Heiligkeit und
Erhabenheit, war und blieb auf einer niedrigen Stufe. Endlich
wurde Jahve, dem Könige, auch die eigentliche Regierung
zugeschrieben. Aber wiederum war es mit der wirklichen
Leitung des Staates, die doch nur durch Menschen besorgt
werden konnte, sehr schlecht bestellt.

Im Innern fehlte es in den ersten Jahrhunderten gar
sehr an festen politischen Institutionen. Die Jahvereligion

vermochte wohl eine religöse Gemeinschaft aber ungeachtet
Eines Königgottes keine wirkliche Staatseinheit zu schaffen.
Mose selbst hatte nur mühsam und nothdürftig mit blutiger
Gewalt den störrischen Trotz widerstrebender Stämme gebän=
digt; nach ihm zerfiel wieder die kümmerliche Einheit des
Volks in eine Anzahl wesentlich selbständiger Stammesgemeinden.
Die große allgemeine Landsgemeinde, in welcher alle die
Väter der Geschlechter und Häuser, begleitet von ihrem bewaff=
neten Anhang von Söhnen, Vettern und Knechten, zusammen=
treten sollten, war ein viel-zu unbehülflicher Körper, dessen
Glieder nur in den heftigsten Landesnöthen sich aus allen
Stammesgauen wirklich einfanden, als daß dieselbe die Einheit
der Staatsleitung hätte bestimmen und erhalten können und
selbst der Ausschuß der siebenzig Aeltesten (wohl 6
aus jedem Stamme) war schwer zusammen zu bringen und
zu Maßregeln zu einigen. Fast Alles beruhte, nach patriarchalisch=
roher Weise, auf dem persönlichen Ansehen der Hausväter,
der Geschlechtshäuptlinge und Stammesfürsten, die in den
engeren Stammesgemeinden und Geschlechtsorten die öffentlichen
Dinge leiteten. Wer aus ihnen thatsächlich Ansehen und Ein=
fluß genoß und Gehör fand, der mochte als Richter im An=
gesichte Gottes unter freiem Himmel die streitenden Parteien
vernehmen und Recht sprechen. Zuweilen, dann wenn die Feinde
von außen her das Land überfielen oder räuberische Kriegs=
schaaren die gemeine Sicherheit bedrohten, erhob sich ein
bäurischer Held oder ein kühner Hirt als kriegerischer
Häuptling und griffen, seinem Rufe folgend, einzelne
Stämme, zuweilen die mehrern Stämme zu den Waffen und
kämpften nun unter seiner Führung wider Feinde und Räuber.

9

Dem ganzen Gemeinwesen aber fehlte die innere Einheit und Ordnung und die glückliche Entfaltung der Volkswohlfahrt. Bald nachdem das Volk, unter dem frischen Anstoß des neuen Glaubens und der neuen Hoffnung, das Land Kanaan erobert und vertheilt hatte, wurde wieder seine Schwäche von den streitlustigen Nachbarn erkannt und Stamm nach Stamm gerieth neuerdings in Abhängigkeit von den Fremden oder war doch in seiner Selbständigkeit ernstlich bedroht. Dieser Nothstand veranlaßte eine Wendung in den Volkswünschen und Ansichten und eine wichtige Verfassungsänderung. An die Stelle der mosaischen Gottesherrschaft trat nun die Einrichtung der **Königsherrschaft**.

Nicht in den zwei Jahrhunderten des religiösen Gottes= reiches, sondern erst in dem darauf folgenden Jahrhundert der ersten Königszeit (von 1080 bis 978 v. Ch.) hat das jüdische Volk die Einheit erworben und einen großartigeren Aufschwung genommen und hat der jüdische Staat seine Blüthezeit erlebt. Drei bedeutende Männer folgten einander auf dem Throne und alle drei zeichneten sich durch große Thaten und Werke aus. Saul befreite sein Volk von dem Druck und der Herrschaft der Fremden. David erhob den jüdischen Staat zu einer angesehenen und gefürchteten Macht, und gründete zu Jeru= salem eine Hauptstadt, in welcher die Einheit und Kraft des Landes als in einem festen und leitenden Mittelpunkte dauernd gesammelt werden sollte. Salomo endlich eröffnete den Juden die Wege des Welthandels und den Zutritt zu den Schätzen der Bildung und Kunstfertigkeit der andern Nationen und erbaute dem Jahve einen herrlichen Tempel, der nun zum

Mittelpunkt des ganzen Jahvedienstes und zum Hauptsitz der
Priesterschaft wurde.

Obwohl dieses Königthum auch die göttliche Weihe
erhielt und immer noch mit unauflöslichen Banden an das
göttliche Gesetz und an die Gottesherrschaft im
Hintergrunde gebunden blieb, so war es dennoch ein Ab=
fall von der vollen Strenge der mosaischen Theo=
kratie. Lange hatte sich daher der Oberpriester Samuel
gegen die Erhebung des Helden Saul zum Könige gesträubt,
und war schließlich nur dem ungestümen Verlangen der
Aeltesten, welche auf seine Warnungen nicht hörten, und der
Noth der Zeit gewichen. „Es gefiel ihm übel, daß sie einen
König wollten, wie die Heiden haben". Aber nachdem er ge=
betet, vernahm er die Mahnung des Herrn: „Gehorche der
Stimme des Volks in allem, was sie zu dir gesagt haben,
denn sie haben nicht dich, sondern mich verworfen, daß ich
nicht soll König sein über sie" (I. Sam. 8, 4--7.). Dieser
Bericht, der viel natürlicher und glaublicher ist als die andern
Erzählungen, daß Samuel den künftigen König schon als
unbekannten Haussohn mit ahnendem Geiste erkannt und gar
geweiht habe, kann nicht mißverstanden werden. Auch später
noch waren Samuel und die Priesterpartei dem neuen Könige
sehr feindlich gesinnt und erregten ihm allerorten Feinde.

Der fortdauernde Gegensatz zwischen dem König=
thum und dem Priesterthum wurde durch die Ausbildung
der levitischen Tempelpriesterschaft noch verschärft und durch die
Spaltung des Reichs in zwei Königreiche verdoppelt. Der
religiöse Schwerpunkt lag im Tempel und in der Priesterschaft,
der politische in den beiden Königspalästen, aber die Religion

und der theokratische Geist des ganzen Gemeinwesens gaben
den Priestern nicht bloß öfteren Anlaß sondern rechtfertigten es
geradezu, daß diese sich fortwährend in die politische Leitung
einmischten und bei jeder Gelegenheit den Willen Gottes, je
nach ihrem beschränkten Verständniß oder Gefühl, zur Geltung
bringen wollten. Obwohl es also zweierlei Institutionen gab,
das Königthum für die Staatsregierung und das Priesterthum
für die Gottesverehrung, so waren beide doch in ihrer Wirk=
samkeit in einander verflochten und machten beide den Anspruch,
auf demselben Gebiete zu herrschen und in denselben Fragen
zu entscheiden. Die unseligste innere Zwietracht und die
Lähmung der Staatsgewalt mußten die Folge dieser trüben
Mischung sein.

Diese Uebel wurden endlich durch das Prophetenthum
bis zum Uebermaß gesteigert. Für die Vertiefung, Reinigung
und Veredlung der Religion haben die Propheten sich un=
sterbliche Verdienste erworben. Für die Staatsordnung aber
und für die Politik war das Prophetenthum die unleidlichste
und verderblichste Erscheinung, die erdacht werden konnte. Man
hat dasselbe öfter mit dem Volkstribunate der Römer ver=
glichen, und die Propheten auch als politische Vertreter des
Volksrechts und der Volksfreiheit gepriesen. Aber gerade der
Vergleich mit den Volkstribunen zeigt am besten, in welchem
Grade unstaatlich und staatsgefährlich das Prophetenthum war.
Die Volkstribunen waren doch gewählte Magistrate der Plebes,
als Prophet aber trat auf, wer in sich den göttlichen Beruf
verspürte. Der Tribun hatte einen Rechtstitel auf sein Amt
und eine durch das Staatsrecht bestimmte und begränzte Amts=
befugniß. Der Prophet stützte sich lediglich auf sein eigenes

Selbstgefühl und seine Begeisterung, er schöpfte aus ihnen allein den Antrieb und die Vollmacht zu seinem Eingreifen und fand nur in ihnen den einzigen Halt und das Maß seiner Wirksamkeit. Es gab daher auch kein sicheres äußeres Kennzeichen, an dem man den rechten von dem falschen Propheten unterscheiden konnte. So viel jeder Glauben fand, so, viel Macht hatte er. Der Tribun war von dem römischen Staatsbewußtsein, und von der Achtung für das Recht und von der Neigung, die öffentliche Wohlfahrt zu fördern erfüllt, der Prophet ließ sich nur durch sein Gottesgefühl bestimmen, er kannte kein Gesetz als den Gotteswillen, und selbst der Untergang und das Elend des Vaterlandes erschien ihm unter Umständen als eine gerechte Gottesstrafe, der man sich reuig unterwerfen müsse. Der Tribun durfte wohl einzelnen Handlungen der Staatsgewalt durch sein Veto hemmend entgegentreten, aber er durfte nicht die Staatsgewalt selber an sich reißen und ausüben. Der Prophet aber in dem zuversichtlichen Glauben, daß er Gottes Willen offenbare, forderte je nach dem Drange seines Herzens diese oder jene bestimmte politische Maßregel und rief unter Umständen, durch Widerstand gereizt, die erhitzten Leidenschaften der rohen Massen zu Hülfe, um den von ihm verkündeten Gotteswillen gewaltsam durchzusetzen.

Das jüdische Volk war denn auch während seiner langen Lebensgeschichte immer tief unglücklich. Niemals haben es die Juden zu einer politischen Volksbildung, und niemals zu einem Staatswesen gebracht, das auch nur bescheidene Ansprüche auf Ordnung und Freiheit befriedigte. Auf eine sehr kurze Blüthe des einheitlichen Königthums folgten lange und schwere Zeitalter der Zerrissenheit, der Schwäche, der Fremdherrschaft, zuletzt der Zerstreuung. Mit den entsetzlichsten Leiden und einem furchtbar tragischen Schicksale mußte dieses Volk die weltgeschichtliche Ehre bezahlen, der Träger einer großen religiösen Mission geworden zu sein. Es war genöthigt, auf sein wirthschaftliches Wohlbefinden, auf eine verständige Rechtsordnung, auf wissenschaftliche und politische Bildung, auf Selbständigkeit und Volksfreiheit zu verzichten und alle nationale und menschliche Wohlfahrt hin zu opfern, um den hohen heiligen Glauben an Einen persönlichen Gott für die Welt zu bewahren. Wir können ihm unser Mitgefühl, und dürfen ihm unsere Achtung nicht versagen, aber wir müssen zugleich uns vor dem folgenschweren und verderblichen Vorurtheile unsrer theologisch erzogenen Vorfahren gänzlich und für immer lossagen, daß in dem alt-jüdischen sei es reinen sei es getrübten Gottesstaat das Musterbild des vollkommenen Staates zu erkennen und daß den heiligen Schriften der Juden eine auch politische Autorität beizulegen sei.

V.

Kong-fu-tsü und der chinesische Staat.

Die chinesische Rasse und Civilisation. Confucius. Sein Leben. Alte
Religion. Himmel und Erde. Kein Priesterstand. Staatseinheit.
Kaiserthum vom Himmel. Rechtmäßigkeit des Aufstandes wider den
Tyrannen. Das Individualprincip als politisches Princip. Schu-king.
Schriften des Kong-fu-tsü. Verstandes- und Moralprincip. Vervoll-
kommnung und Mitte. Der rechte Weg. Schwäche der chinesischen
Ideen. Menschlichkeit. Wohlthätige Wirkungen. Mängel. Schluß-
betrachtung. Ergebnisse.

Völlig fremd erscheint uns zunächst die entlegene ost-
asiatische Welt und ihre dicht bevölkerten Reiche. Mit
den indischen Ariern wissen wir uns bluts- und geistesverwant,
die semitischen Juden sind uns durch unsere religiöse Erziehung
nahe gerückt. Aber mit den chinesischen und japanesischen
Nationen verbindet uns keine Erinnerung an eine gemeinsame
Urheimat, und kein Zusammenhang weder der Religion noch
der Cultur. Eigentlich erst in der neuesten Zeit berührt die
Strömung des modern-europäischen Verkehrs die Küsten jener
Länder und nimmt die europäische Welt einen lebhafteren und
tieferen Antheil an den Culturzuständen jener Völker. Dennoch
so fremdartig der erste Eindruck ist, welchen die ost-asiatische

Civilisation auf uns macht, bei näherem Einblick überrascht uns eine höchst auffällige geistige Verwandtschaft zwischen der uralten chinesischen und der modern-europäischen Weltansicht und Staatscultur.

In dem weiten chinesischen Weltreiche, dem bevölkertesten der Erde, sind ohne Zweifel mancherlei Nationen im Laufe der Zeit geeinigt und sicherlich sind viele Mischungen vollzogen worden, bis daraus ein eigenthümlicher Typus der chinesischen Rasse erwachsen ist. Mag der Grundstoff derselben turanisch-mongolischen Ursprungs sein und gegenwärtig noch in der gelblich-braunen Hautfarbe, den vorspringenden starken Backenknochen, den eng- und den quergeschlitzten Augen und dem dünnen Haupt- und Barthaar der großen Menge sichtbar werden, so deutet doch manches darauf hin, daß schon in sehr früher Zeit auch arische Elemente, zumal in den obersten und leitenden Familien, mächtig eingedrungen sind und völlig sicher ist ein bedeutender Einfluß indischer Ideen auf die Entwicklung des chinesischen Lebens. Allmählich aber ist aus allen Geblütsmischungen und den mannigfaltigen Cultureinflüssen, vornehmlich aber durch die erziehende Macht des chinesischen Staats eine merkwürdige Gleichmäßigkeit der chinesischen Gesellschaft und Lebensweise entstanden, deren Monotonie und Regelmäßigkeit in den Europäern leicht die Stimmung der Langeweile hervorruft und festhält.

Allein es wird in dieser bemessenen und cäremoniellen Gleichförmigkeit auch ein Reichthum von Kenntnissen und von Bildung aufbewahrt, der uns um so mehr Achtung abnöthigt, je mehr wir uns davon überzeugen, daß die Chinesen es schon um viele Jahrhunderte und sogar Jahrtausende früher als wir zu

einer friedlichen und feinen Civilisation gebracht und
dieselbe aus der vorbuddhistischen Zeit über das ganze Mittel=
alter hin bis auf heute wesentlich gleichmäßig erhalten haben.
Ihre einsilbige weiche Sprache, welche in immer gleichem Wech=
sel der Tonerhebung und des Tonfalls halb gesungen, halb
gesprochen wird, steht freilich hinter dem Sanskrit und den
übrigen arischen Sprachen weit zurück und die schwer schreib=
baren und schwer lesbaren künstlichen Wörterzeichen, aus denen
die chinesische Schrift gebildet ist, sind für den Gebrauch und
die Mittheilung nicht so bequem und nützlich, wie unsre semi=
tische Buchstabenschrift. Aber trotz dieser Schwächen und
Mängel haben die Chinesen doch eine ansehnliche theils ge=
lehrte theils schöne Litteratur hervorgebracht, in der auch
der Roman und das Drama einen Platz gefunden haben,
und werden die chinesischen Bücher und Schriften selbst
von den wohlgeschulten Volksclassen viel gelesen und benutzt.
Allerdings wagt die chinesische Poesie nicht den kühnen Adler=
flug, noch hat sie den tiefen psychologischen Seherblick der
arischen Poesie. Die Bilder der chinesischen Phantasie sind
eher phantastisch und fratzenhaft als edel und schön. Die
nüchterne theetrinkende Nation hat augenscheinlich mehr Talent
und Neigung zur Prosa. Aber in hohem Grade lernbegierig
und lehrfähig hat sie in fast allen Gebieten der wirthschaft=
lichen und technischen Thätigkeit bedeutende Erfolge erzielt und
ihr natürliches Geschick für diese Arbeiten auch schulmäßig gut
ausgebildet. Ihr Sinn ist voraus auf das Nützliche und das
Zweckmäßige hingewendet, die Räthsel der Schöpfung regen
ihr Denken nicht auf, sie kümmern sich lieber um menschliche
als um göttliche Dinge, sie werden auch nicht leicht von den

Stürmen gewaltiger Leidenschaften ergriffen und bewegt; ihr Leben fließt stiller, ruhiger, sanfter dahin, als das der Arier oder der Semiten. Seit Jahrtausenden wird durch Erbrecht und Erziehung die chinesische Civilisation friedlich und gleich= förmig überliefert, ohne große Erschütterungen, ohne umge= staltende Neuerungen. Nur die uralten Ideen wirken noch ruhig fort, und es scheint, als sei die Kraft, neue Ideen hervorzu= bringen schon längst unter ihnen erloschen. Nur ihre reizbare Empfänglichkeit und ihr formgewandtes Nachahmungsvermögen haben sich ungeschwächt erhalten. Aber einst in einer fernen, nicht sicher zu bestimmenden Vorzeit sind auch an dem Hori= zonte Chinas mächtige Ideen neu aufgegangen und haben durch ihr Licht und ihre Wärme einen gestaltenden und nachwirken= den Einfluß auf das gesammte chinesische Leben ausgeübt.

Als Vertreter dieser alten religiösen und moralischen Hauptideen tritt vor allen andern Confucius hervor, wie ihn die Europäer gewöhnlich mit latinisirtem Namen benennen oder richtiger Kong=fu=tsü, kürzer Kong=tsü, d. h. der Gelehrte (Doctor) aus der Familie Kong, wie er bei den Chinesen heißt. Aber auch er war nicht wie Mose oder Buddha der Begründer einer neuen Religion und einer neuen Ord= nung, sondern eher der Reiniger und Wiederhersteller einer viel ältern Religions= und Sittenlehre und der Reformator der von Alters her überlieferten chinesischen Staatsordnung.

Von dem Leben des Kong=tsü wissen wir nur wenig sicheres. Die dürftigen geschichtlichen Nachrichten über ihn sind wohl später vielfältig durch Zusätze erweitert und durch Legenden bereichert worden, aber merkwürdig ist es und ein unverwerfliches Zeugniß für den nüchtern=verständigen Sinn der Chinesen, daß weder die Mythe noch das Wunder dieses Leben über das Maß des schlicht Menschlichen hinaus hebt. Nur seine Geburt ist von frommer Dichtung mit einigen wunderbaren Zeichen geschmückt worden. · Seiner Mutter wurde verkündet, sie werde einen Sohn gebären, rein wie ein Krystall und berufen, ein König zu werden, aber ohne ein Reich: und als das Kind zur Welt kam, da sah man zwei Drachen über dem Hause der Wöchnerin fliegen und hörte die Musik himmlischer Instrumente. Im übrigen aber verlief sein Leben ganz natürlich. Er hatte nicht einmal ein großes Schicksal zu bestehen. Es ist nichts Abenteuerliches, nichts Heroisches, nichts Tragisches darin. Das Leben der chinesischen Philosophen und Staatsmänner sieht ganz ähnlich den Erfahrungen, welche tausend idealgesinnte Männer — Gelehrte und Staatsmänner aus allen gebildeten Völkern — und zu allen Zeiten gemacht haben und noch machen. Bei ihren Lebzeiten müssen sie sich mit geringem Erfolge abmühen, um ihre edlen und gemeinnützigen Ideen zu verwirklichen, überall treten ihnen das Vorurtheil und die Selbstsucht der Mitmenschen hemmend in den Weg, der Unverstand und die Gemeinheit verkennen, der Neid und die Bosheit verfolgen sie. Wohl finden sie auch Freunde, Gönner und Schüler und Anhänger, sie gewinnen auch in manchen Kreisen einige Autorität; aber sie kommen fast nie aus der Mühsal heraus, welche die Urbarmachung eines rohen Bodens begleitet, sie werden nur selten von dem Lichtblick des Erfolgs beleuchtet. Zuweilen wird ihre Geistesgröße anerkannt, aber die Eigenart und Härte ihres Charakters gescheut oder gehaßt, zuweilen ihr menschenfreundliches Wohlwollen geehrt, aber ihnen Träumerei und Schwärmerei vorgeworfen. Sie werden gelobt und gemieden, als Denker geehrt und als Phantasten verspottet. Erst nach ihrem Tode wächst in der fernen Erinnerung ihr Ansehn, und die folgenden Geschlechter ernten dankbar die reichen Früchte, welche der verkannte Meister und Bahnbrecher vormals ausgestreut hat. Von solcher Art ist auch das Leben der weltberühmten chinesischen Weisen.

Zur Zeit des Kong-fu-tsü bestand das chinesische Kaiserreich schon seit uralter Zeit, aber es war in eine große Anzahl ziemlich selbständiger Fürstenthümer zerspalten, deren Häupter zwar dem Kaiser als ihrem Oberherrn huldigten, aber thatsächlich ihre Länder unabhängig regierten und sogar mit einander Kriege führten, ohne deßhalb von dem Kaiser zur Rechenschaft gezogen zu werden. In einem solchen Reichsfürstenthum, Lu genannt, wurde Kon-fu-tsü im Jahr 551 v. Ch. — wahrscheinlich bei Lebzeiten Buddhas — geboren, als der Sohn eines vornehmen Mandarinenhauses, und erhielt nun die gelehrte Schulbildung der chinesischen Staatsgelehrten. Es ist ganz glaublich, wenn die Berichte ihm nachrühmen, daß er schon in der Schule sich durch einen klaren Verstand, einen unermüdlichen Fleiß, eine rühmliche Bescheidenheit und vor allen durch ein feines moralisches Gefühl ausgezeichnet habe.

Frühzeitig trat er in den Staatsdienst ein und erhielt zuerst ein untergeordnetes Verwaltungsamt in einem bisher vernachlässigten und armen Regierungsbezirk. Er ward hier zunächst als Kornamtmann verwendet. Mit Eifer wirkte er da für einen fleißigen und verständigen Betrieb des Ackerbaus und der Viehzucht und in kurzer Zeit wurden die Vermögenszustände der Einwohner besser und hob sich der Wohlstand der

Gegend. Es entspricht diese Sorge für die wirthschaft=
lichen Interessen und voraus für den Ackerbau der
uralten Grundrichtung des chinesischen Gemeinlebens und es
ist bezeichnend, daß auch der wissenschaftliche Reformator der
chinesischen Sittenlehre seine Laufbahn mit dieser Thätigkeit
beginnt.

Als Kind schon hatte er seinen Vater verloren, kaum
war er zum Manne gereift, als nun auch seine geliebte Mutter
starb. Dieser schwere Schlag, den sein Herz erlitt, brachte
eine Wendung in seinem Leben hervor. Er zog sich vorerst
ganz aus dem Staatsdienste zurück und widmete sich in der
langen, dreijährigen Trauerzeit von neuem den stillen wissen=
schaftlichen Studien. Der todten Mutter zu Ehren, deren
Leiche er an der Seite des Vaters beisetzte, veranstaltete er
eine höchst feierliche und rührende Begräbnißfeier, welche
damals auf die Gesellschaft einen tiefen Eindruck machte und
später als ein nachahmungswürdiges Vorbild kindlicher Pietät
und würdiger Bestattung betrachtet wurde. Zuletzt schrieb das
Staatsgesetz die Beachtung der damals geübten Formen vor. Dem
Andenken seiner Eltern weihte er ein besonderes Zimmer in seinem
Hause und auch diese Sitte hat sich in China erhalten. Die
Verehrung der Ahnen durch die künftigen Geschlechter
ist eine der heiligsten Religionspflichten der Chinesen, und
gerade deßhalb gilt der Kindersegen als so wichtig und wohl=
thätig, weil nun die Eltern gesichert sind in ihrem zukünftigen
Leben durch die sorgenden Opfer der Nachkommen. Die innere
Verwantschaft dieses alt=chinesischen Glaubens mit dem alt=
indischen ist unverkennbar; aber um so beachtenswerther ist es,
daß die Chinesen durch ihre Verehrung der Vorfahren, nicht

wie die indischen Arier, zu der Abschließung der Familien und
nicht zu der Annahme des Kastenwesens verleitet wurden,
und nicht sich dadurch den offenen Blick für die individuelle
Werthschätzung trüben ließen.

Während dieser Trauerzeit hat Kong-tsü offenbar an
sich und in sich moralisch und geistig viel gearbeitet. Seine
sittlichen Grundansichten sind damals ausgebildet worden und
es ist sein Entschluß herangereift, sein Leben der reformatorischen Aufgabe zu widmen. Die Menschen zu einem tugend-
samen Leben anzuleiten und durch Lehre und persönliches
Beispiel für dieses hohe Ziel zu wirken, das ward nun sein
Hauptberuf. Etwa mit 30 Jahren soll er sich dieser Bestimmung ganz klar geworden sein. Er sammelte Schüler
um sich und gab Rath, wo jemand ihn darum ersuchte. Aber
er entzog sich den bürgerlichen Pflichten in keiner Weise und
war stets bereit, auch in öffentlichen Staatsämtern dem allgemeinen Wohle zu dienen. Dabei ging er am liebsten von
der überlieferten Weisheit der alten Schriften aus, die er
fleißig sammelte, und hielt sich wo möglich an herkömmliche
Institutionen und frühere Beispiele. Seine Lehren hatten
durchweg einen moralischen Inhalt und wurden in allgemein
faßlicher Form dargestellt. Er vermied allen Prunk der Rede,
seine Sprache war nüchtern, gebildet, verständig, aber nicht
eigentlich genial. Auch hütete er sich meistens davor, die
tiefsten Grundfragen der Religion zu berühren. Sehr bezeichnend
für seine und für die chinesische Auffassung ist das Wort an
seine Schüler: „Ehret die Götter mit frommem Sinn aber
haltet euch fern von ihnen". Das göttliche Wesen erscheint
ihm zu fern, zu unerforschlich, er sieht mehr Gefahr als Vor-

theil bei dem Versuche, sich den Göttern zu nähern und mit
ihnen in engeren Verkehr zu treten. Dagegen ermahnt er
unablässig zur Uebung der Pflichten des Menschen gegen den
Menschen. Der Mensch ist dem Menschen verständlich. Die
Menschen sind auf wechselseitige Hülfe und Gemeinschaft angewiesen. Die Liebe zur Menschheit und die Sorge für ver-
edelte menschliche Zustände sind die starken Triebfedern seines
Berufs, welche daher eher einen sittlich-politischen als
einen religiösen Charakter hat. Er ist viel mehr ein staat-
licher als ein kirchlicher Reformator.

Sein äußeres Leben war fortwährend dem freien Lehrer-
beruf gewidmet. Aber von Zeit zu Zeit unternahm er Reisen
und studirte bei einem Besuch der kaiserlichen Hauptstadt die
Denkmäler aus der ältesten Kaiserzeit. Viele Jahre lebte er
in dem Königreiche Tsi, wohin ihn ein eitler aber die Wissenschaft ehrender Fürst gerufen hatte, ohne viel auszurichten.
Wohl fand er hier Gelegenheit, seine Uneigennützigkeit und
seine Aufrichtigkeit zu bewähren; aber zu einer ernsten politischen und sittlichen Reform entschloß sich die Regierung nicht.
Auch in seinem Vaterlande, in das er als reifer und erfahrener
Mann zurückkehrte, wurde ihm während langer Zeit keine ein-
flußreiche Stellung zu Theil. Erst spät vertraute ihm der
König Ting-Kung von Lu höhere Staatsämter an, und nun
stieg er rasch durch die Würden eines Statthalters und Rich-
ters zu der eines ersten Ministers empor. Es war das die
äußerlich glänzendste Zeit seiner fruchtbaren Wirksamkeit.

Voraus sorgte er wieder für die volkswirthschaftlichen
Interessen und die Verbesserung der Bodencultur. Er war
ernstlich der Meinung, daß der Wohlstand des Volkes die

Grundbedingung seines Glückes und die Hauptaufgabe der Re=
gierung sei. Um deßwillen rieth er vor jeder harten Besteue=
rung des Landbaues ab und beförderte eifrig den freien und
zweckmäßigen Anbau des Landes. In der Regel war er zur
Milde geneigt und zog die freundlichen den herrischen Mitteln
vor; aber wenn es ihm nöthig schien, griff er auch zu ein=
schneidenden scharfen Maßregeln der Zucht. Ganz im Gegen=
satz zu der lax und schlaff gewordenen Sitte, welche vornehme
Verbrecher im Amte schonte oder nur durch Entlassung be=
strafte, zog er einen der angesehensten Würdenträger, welcher
sich schwerer Erpressungen schuldig gemacht und sein Amt zur
Bedrückung und Aussaugung des Volkes mißbraucht hatte, vor
Gericht und ließ an dem überwiesenen Verbrecher zum heil=
samen Schrecken des Beamtenstandes die Todesstrafe vollziehen.
Ein anderes Mal ließ er Tänzerinnen, welche gedungen
waren, den König zu verlocken, und in Gegenwart des Hofes
ihre üppigen Tänze vollzogen, wegen Verletzung der dem Könige
schuldigen Ehrfurcht sofort ergreifen und zum Tode führen.
Er selber übte eine einfache und nüchterne Lebensweise und
wirkte durch sein Vorbild und seine Censur auch auf die Sit=
ten der Beamten günstig ein. Bei dem Volke war er beliebt
und sein Vertrauen ward belohnt. Aber am Hofe hatte er
doch viele heimliche Gegner.

Der Tod des Königs Ting=Kung erschütterte seine Stel=
lung und der vernachläßigte und gekränkte Weise verließ im
herbstlichen Lebensalter nochmals seine Heimat. Er bereiste
wiederum verschiedene chinesische Länder. Zu arm, um sich
einen freien Wohnsitz mit ausgedehnter Wirksamkeit zu gründen,
zu berühmt, um in der Verborgenheit Ruhe zu finden, zu be=

deutend, um dem Neide zu entgehen und zu sitteneifrig, um
den Haß nicht zu reizen, mußte er noch am Abend seines
Lebens alle Bitterkeit der Fremde und der menschlichen Miß=
stände erfahren, und nur selten erheiterten einige sonnige Tage
der Ehre und der Hoffnung sein trübes Schicksal. Nur in
seiner Wissenschaft fand er eine reine und lohnende Befriedi=
gung und in der Verehrung seiner zahlreichen Schüler einen
herzstärkenden Trost. Am Schluß seines Lebens aber erheiterte
sich der Himmel über ihm und seine letzten Tage, die er wie=
der in seiner Heimath Lu verlebte, waren von dem Abendrothe
allgemeiner Anerkennung und eines weithin erglänzenden Ruhmes
schön beleuchtet. Als er im Jahre 479 v. Chr. starb, ein
Greis von 73 Jahren, wußte die chinesische Welt, daß ein
großer Mann verschieden sei. Seine Schüler trauerten drei
Jahre um ihn.

Von da an wurde durch seine Schüler, unter denen vor=
züglich Meng=tsü hervorragte, die Lehre des Meisters weiter
ausgebreitet und erhielt mit der Zeit höchste Autorität im
Reiche. Aber es liegt doch noch ein Zeitraum von beinahe
drei Jahrhunderten dazwischen, bis endlich (203 v. Chr.)
die Religion und die moralische und politische Lehre des Kong=
fu=tsü zur chinesischen Staatsreligion und zur Staats=
lehre erklärt wurden. Heute noch bekennen sich der Kaiser
und die Mandarinen zu ihren Grundsätzen.

Schon in der uralten chinesischen Religion offenbart sich
der nüchtern unterscheidende und ordnende Verstand der Chinesen.
Sie ist nicht so reich an Gestalten, wie die alte indische Gött=
terwelt, noch hat sie die philosophische Tiefe des Brahmanen=
thums. Aber sie ist in ihren Grundzügen natürlich und ge=

meinverständlich. Die göttliche Naturwelt wird im Sinne der noch kindlichen Weltanschauung in zwei große Erscheinungen zerlegt, die von den Menschen bewohnte Erde und das sternenbesäte Himmelsgewölbe über der Erde. Der Himmel erscheint den Chinesen als das leuchtende und ordnende Princip, als die männlich-zeugende göttliche Kraft. Die dunkle Erde dagegen ist das empfängliche, tragende und nährende Princip. Aus dem Zusammenwirken von Himmel und Erde sind alle Geschöpfe entstanden. „Der Himmel ist der Vater, die Erde ist die Mutter aller Dinge und insbesondere der Menschen", so lautet ein alter Spruch im Schu-king (I. 3, 4.), d. h. in dem ältesten heiligen Buch, welches Kong-fu-tsü aus den alten Chronisten gesammelt hatte. Diese makrokosmische Weltanschauung genügte dem religiösen und philosophischen Bedürfniß auch der gebildeten Chinesen in der Regel. Ihre Verehrung wendete sich vorzugsweise dem Himmel zu, aber eine fromme Aufmerksamkeit und Sorge blieb auch der mütterlichen Erde gewidmet. Natur und Gott war Eins, aber in sich hinwieder nach den männlichen und den weiblichen Kräften dualistisch getheilt.

In einem anderen heiligen, ebenfalls von Kong-fu-tsü nicht verfaßten sondern gesammelten Buch, dem Y-king zeigen sich Spuren einer tieferen Gottesidee, welche noch mehr an die indische Philosophie erinnert. Das große, räthselhafte Y nämlich wird als das Ursprüngliche, Ewige, Eine gepriesen, das auch vor dem sichtbaren Himmel und vor der greifbaren Erde bestanden hat, aus dem zuerst Himmel und Erde entstanden, von dem sie geschaffen worden sind. Öfter noch begegnen wir auch einzelnen Sprüchen chinesischer Philosophen, welche diesen Grundgedanken weiter ausführen, wobei freilich die Einflüsse indischer Geistesschule unverkennbar zu Tage treten. So z. B. unterscheidet das alte Buch Li=ki (um 200 v. Ch., Prémare bei Pauthier S. 15.) zwischen dem leib= lichen Himmel und dem geistigen Himmel, dessen sicht= bares Bild nur jener ist, und anderwärts wird der göttliche Verstand Tao als Schöpfer des Himmels und der Erde be= zeichnet. Diese Gedanken waren offenbar auch dem Kong=tsü nicht fremd. Aber der chinesische Geist liebt es nicht, in diese dunkeln Schachten einer tieferen Forschung nieder zu steigen und da ernstlich zu arbeiten. Er beschäftigt sich viel lieber mit den Dingen, welche der menschlichen Einsicht zu= gänglicher und den menschlichen Interessen näher liegen. Die Chinesen haben keine eigentliche Dogmen festgestellt und keine Geheimlehre hervorgebracht. Kong=tsü legte das Hauptgewicht nie auf den Glauben, sondern immer auf die sittliche Pflicht= übung.

Auch den Himmel beobachteten die Chinesen vorzugsweise in seinen sichtbaren Wandlungen, und berechneten die Wirkungen derselben auf die Erde und insbesondere für die Bodenwirth= schaft. Lange vor Kong=tsü waren in China schon öffentliche Sternwarten auf Bergeshöhen errichtet, von denen aus die Bewegung der Gestirne genau beobachtet wurde. Die Chinesen kannten das Sonnenjahr von 365¼ Tagen und sein Ver= hältniß zu den Mondjahren. Sie unterschieden die vier Jahres= zeiten, und ihre sorgfältig bestimmten Kalender regelten mit der Zeiteintheilung auch die wirthschaftlichen Arbeiten.

Einen besonderen und in sich geeinigten Priesterstand gab es überhaupt nicht. Jeder Hausvater verehrte die höheren

10*

Mächte so wie seine Ahnen nach seinen eigenen Gefühlen und nach herkömmlicher Sitte, und er bedurfte dazu keiner Opferer und keiner Vorbeter von Beruf. Der Staat überließ das dem Pflichtgefühl und dem Ermessen des Einzelnen, ohne sich darum zu bekümmern. Die indischen Gegensätze der Brahmanen und der Kshatriyas, oder der buddhistischen Mönchs- und Laien- ordnung finden sich daher in dem alten China nicht, und als der Buddhismus später auch in China Verbreitung fand, ver- mochte er doch nicht die Einheit der Reichsgewalt zu spalten noch ihre Macht zu beschränken. Die buddhistischen Mönche und Nonnen wurden zwar geduldet, aber als unfruchtbare Glieder des Gemeinwesens gering geschätzt und es wurde ihnen kein Einfluß auf die öffentlichen Angelegenheiten verstattet.

Dagegen brachten es die Chinesen merkwürdig früh zu der Staatseinheit, deren die indischen Arier entbehrten. Als Haupt des chinesischen Gesammtreichs wurde der Kaiser verehrt. Sein Ansehen und seine Macht ist heilig, wie der Himmel, von dem sie stammt, wie der Vater in der Fa- milie. „Indem er sich durch Rechtssinn und Verstand aus- zeichnet, wird er zugleich Vater und Mutter des Volks" (Schu- king IV. 1. 3). Der Kaiser ist im höchsten Sinne des Worts „der Sohn des Himmels", eine Auffassung, welche ebenso an die specifisch arische Ansicht erinnert, daß die Könige Söhne des Indra, oder des Zeus, oder des Wodans seien, wie das gelbe Kleid des chinesischen Kaisers eine Nachahmung der gelben Rocks der indisch-arischen Könige ist. In solchen Zügen wird der Zusammenhang des indischen Staats mit arischen Vorbildern erkennbar.

Aber nicht aus besonderer Vorliebe für die Person des

Herrschers oder für seine Dynastie hat ihm der Himmel die Macht gegeben, sondern um der Tugend und um des Volkes willen (Schu-king III. 5. 3, 1). „Glück und Unglück sind nicht von diesen oder jenen Personen abhängig, sondern je nach ihrer Tugend oder ihrem Laster sendet der Himmel Glück oder Unglück über sie" (Schu-k. III. 6, 4). „Der Himmel liebt die Völker. Zu ihrem Wohle hat er die Königsmacht verliehen. Er will das Verlangen des Volks erfüllen, und der König soll sich richten nach der Ordnung des Himmels" (Schu-k. IV, 1, 1, 11, IV. 1, 2, 4).

Freier gesinnt und schärfer denkend als die europäischen Theologen und viele christliche Juristen der letzten Jahrhunderte, welche aus dem Glaubenssatze, daß alle obrigkeitliche Gewalt von Gott komme, die Folgerung ableiten, daß die Unterthanen niemals berechtigt seien, sich gegen die Tyrannei zu erheben, haben vor einigen Jahrtausenden die chinesischen Weisen aus demselben Satze, daß alle Königsgewalt vom Himmel stamme, die Rechtmäßigkeit der Auflehnung wider offenbare Tyrannei begründet. „Der Himmel entzieht die Macht, wenn sie mißbraucht wird. Er erhöht die tugendhaften Fürsten und verwirft die Lasterhaften" (Schu-k. III. 10, IV. 10, 11. IV. 12, 10. IV. 18, 4, 5).

Als der Fürst Tsching-Tang, der wider den Kaiser Hia aufstand, Bedenken äußerte, daß seine That übel gedeutet werde, beruhigte ihn der weise Minister Tschong-Hooi mit der Lehre: „Indem der Himmel den Menschen das Leben verlieh, gab er ihnen auch Begierden. Wären die Menschen ohne Meister, so wäre Verwirrung und Unfrieden die Folge; deßhalb hat der Himmel einen vorzugsweise verständigen Mann hervorgebracht, damit er zur rechten Zeit die Zügel der Regierung ergreife. Die Tugend des Hia hat sich verdunkelt, die Völker sind auf glühende Kohlen gefallen. Da hat der Himmel einen neuen König mit Muth und Geist ausgestattet, damit er als Vorbild dem Reiche leuchte. Der Kaiser Hia wollte den Himmel betrügen, indem er ungerechte Befehle gab. Die höchste Macht schützt ihn nicht länger, der Herr hat ihn verworfen und dem Geschlechte von Hang die Vollmacht ertheilt, das Volk zu erziehen und zu leiten" (Schu=k. III. 2, 2. 3). Der neue Kaiser Tsching= Tang selbst, der nach chinesischer Berechnung schon im Jahr 1766 v. Ch. zur Herrschaft gelangte, erklärte den versammelten Großen des Reichs: „Der Herrscher Hia hatte das Licht seines Ver= standes ausgelöscht, er hatte die Völker in allen Ländern des Reichs tausendfältig mißhandelt. Als sie seine Bedrückung und Grausamkeit nicht länger ertragen konnten, eröffneten sie den Geistern der Ober= und Unterwelt ihre Noth. Der ewige Verstand des Himmels will die tugendhaften Menschen glücklich machen und züchtigt die Lasterhaften mit Unglück. Deßhalb hat der Himmel seine Unfälle über das Geschlecht Hia verhängt und dessen Verbrechen offenbar gemacht. Obwohl ich mich dessen nicht würdig fühle, habe ich mich dem klaren und furchtbaren Auftrag des Himmels nicht entzogen. Ich habe den schwarzen Stier geopfert — auch das Stieropfer erinnert an indische Gebräuche — und bin mit einem großen Weisen zu Rathe gegangen. Wir haben gemeinsam die Befehle des Himmels erbeten. Der Himmel liebt und schützt die Völker. Daher wurde der große Verbrecher in die Flucht geschlagen und unterworfen" (III. 3, 3 f.). Der alte Schu=king, das heilige Königsbuch, ist voll dieser Lehre und erklärt den Aufgang und den Sturz der Dynastien immer aus demselben Grunde.

Um der Völker willen allein ist die Fürstenmacht vom Himmel verliehen. „Die Völker bedürfen der Könige, damit der Friede gesichert und die Ordnung geschützt sei, aber die Könige bedürfen der Völker, ohne die sie nicht Fürsten sind. Wenn der König kein Volk hat, wer denn wird ihm helfen? Wenn das Volk keinen König hat, wer denn wird es regieren?" (Schu-k. III. 5. 2, 2. 6, 11.)

Ein uralter, im Schu-king überlieferter Spruch sagt: „Nicht das Wasser dient zum Spiegel des Königs, sondern das Volk" (IV. 10, 12). Die Wohlfahrt des Volkes spiegelt die Tugend des Fürsten, des Volkes Verderben die Laster des Fürsten wieder. Die chinesische Weisheit scheut sich nicht, ein meistens zutreffendes Urtheil auszusprechen, das in manchem modern-europäischen Lande noch wie eine Majestäts-beleidigung betrachtet wird: „Wenn Friede und Ordnung in einem Volke nicht bestehen, so ist das die Schuld seiner Regierung" (Schu-k. III, 18, 26).

Sogar was wir vornehmlich für eine moderne Erscheinung zu halten pflegen, die öffentliche Meinung wurde, nach dem Zeugniß des Schu-king schon vor Jahrtausenden in China beachtet und das Wort: „Volksstimme Gottesstimme" findet sich auch dort: „Was der Himmel sieht und hört, das hört das Volk. Was das Volk der Belohnung oder der Strafe würdig hält, das will der Himmel belohnen und strafen. Höhe und Tiefe (Himmel und Volk) sind mit einander verbunden. Daher sollen die Regenten auf die Stimme des Volkes merken" (I. 4, 7. IV. 1, 2, 7).

Dem Kaiser Tai-kong, der seinen Vergnügungen nachging und die Regierungspflichten vernachläßigte, traten seine Brüder mit mahnenden Liedern entgegen, die ihr Ahn, der Herrscher Yu sie gelehrt hatte: „Liebe das Volk und verachte es nicht, denn es ist die Grundlage des Staates. Wenn das Funda= ment fest ist, dann ist das Reich ruhig. Die Leidenschaft für Weiber, die Leidenschaft der Jagd, die Leidenschaft für Wein und lieberliche Musik, für glänzende Paläste und gemalte Wände sind sechs Fehler, deren einer schon ausreicht, um ein Königreich zu verlieren" (Schu-k. II. 3). Auch in dem alten Liederbuche, dem Schi-king, dessen Sammlung ebenfalls dem Kong-tsü zugeschrieben wird und das uns durch Rückerts Uebersetzung bekannt geworden ist, wird das Verderben der Weiber= und Eunuchenherrschaft mit grellen Farben gemalt:

„Zum Himmel schmachten wir empor um Rettung,
  Doch Rettung bleibt vom Himmel uns versagt;
  Das Unglück hält uns fest in der Umkettung,
  Und Bauersmann und Schriftgelehrter klagt:
  Der Staatsleib magert ab, zu wessen Fettung?
  Das Reichsfeld verret, welch' Gewürme nagt
  An unserm Land und gibts dem unbestrittnen
  Verderben Preis? Ein Weib und die Verschnittnen".

Alle arischen Völker beachteten anfänglich mit übertriebener Sorge die überlieferten Unterschiede der Rasse, des Erbstandes, der Familie. Es ist ein weltgeschichtliches Verdienst schon des uralten Chinesenthums, unbekümmert um die Abkunft der individuellen Anlage freie Bahn eröffnet, und dem individuellen Verdienst den Vorzug gesichert zu haben. Den Fürsten wird im Schu-king die Pflicht nachdrücklich ein=

geſchärft, daß ſie die klugen, die fleißigen, die tugendhaften
Männer auffuchen und hervorziehen. „Wenn die talentreichen
und verdienſtvollen Männer begünſtigt werden, dann wird das
Reich erblühen. Wenn die Mandarinen zu leben haben, ſo
werden ſie eher Gutes thun; aber wenn man die Familien
nicht ermuthigt, ſich der Tugend zu befleißen, ſo werden große
Nachtheile daraus entſtehen" (Schu-k. IV. 4, 11. 13). „Werden
die Weiſen befördert und die Talente berückſichtigt, ſo iſt
Zufriedenheit unter den Mandarinen; wenn die Mandarinen
im Unfrieden ſind, dann wird auch das Reich in Unordnung
gerathen" (IV. 20, 20). Dem Kaiſer Cheu aus der Dynaſtie
Chang wird es zum ſchweren Vorwurf angerechnet, daß er
geſtrebt habe, die Aemter erblich zu machen, anſtatt je dem
Tüchtigſten zu geben (IV. 1, 6).

Das Kaiſerthum freilich und ebenſo die Fürſtenthümer
im Reich ſind zunächſt dynaſtiſch geordnet; nur die übrigen
Aemter, bis zu den Miniſterſtellen hinauf, werden nach individueller Wahl beſetzt. Indeſſen hat auch dort urſprünglich
die individuelle Tugend die Herrſchaft begründet. Mit augen-
ſcheinlicher Vorliebe ſchildert die alte Sage, mit welcher der
Schu-king beginnt, in dem Bilde des Kaiſers Yao die Erhebung des ausgezeichnetſten Individuums von niederer Abkunft
auf den höchſten Kaiſerthron. Der greiſe Kaiſer Yao nämlich
erklärte in einer Verſammlung der hohen Reichsbeamten ſeinen
Entſchluß, die Regierungsſorgen auf einen jüngeren noch
rüſtigeren Mann zu übertragen. Aber keiner der Großen
getraute ſich, das ſchwere Amt zu übernehmen; und ſie wußten
auch Niemanden aus dem Kreiſe der Fürſten und angeſehenen
Mandarinen vorzuſchlagen, der deſſen völlig würdig ſei. Nun

forderte der Kaiser sie auf, einen fähigen Privatmann zu bezeichnen, und es wurde nun Yu-chun genannt, der aus einer niedern und schlechten Familie stamme, der einen unfähigen Vater, eine bösartige Mutter und einen hochmüthigen Bruder habe, aber gerade dadurch seine Tüchtigkeit erweise, daß er die Fehler der Familie überwunden und den Frieden in derselben hergestellt habe. Aufmerksam gemacht auf diese seltene Tugend überträgt nun der Kaiser dem Yu-chun die wichtigsten Aemter, und da er fort und fort seine Tugend und Fähigkeit bewährt, gibt er ihm eine seiner Töchter zur Gemahlin, erhebt ihn zum Mitregenten und tritt ihm zuletzt die Herrschaft des Reiches und die Kaiserwürde selber ab. So stieg, lediglich um seiner individuellen Eigenschaften willen, der tiefgestellte Unterthan empor bis zum höchsten Gipfel der chinesischen Macht und Herrlichkeit.

Die Lehre des Kong-fu-tsü ruht ganz auf dieser älteren religiösen und sittlich-politischen Grundlage. Dieselbe ist in der zweiten Reihe classischer Schriften dargestellt, welche von dem großen Philosophen selbst und von seinen Schülern verfaßt sind. Sie zeichnen sich vor der ersten Reihe der von Kong-tsü gesammelten älteren heiligen Schriften durch eine bewußtere philosophische Methode und durch eine wissenschaftlichere Form aus. Ihr Inhalt aber schließt sich ganz an die frühere Litteratur an und bei jeder Gelegenheit bezeugt Kong-tsü seine Verehrung für die Weisheit des Alterthums. Indessen ist doch außer der Methode auch im Inhalte eine wichtige Fortbildung der Lehre wahrzunehmen.

Die erste Schrift Ta Hio, das große Studium genannt, macht uns mit der Methode der chinesischen Weisen bekannt.

Sie dient zur Schule in richtigem Denken und zur Erziehung in der Tugend. Die Verstandesbildung wird auf die Erkenntniß der Kategorien: Ursache und Wirkung, Grund und Folge zurückgeführt. „Indem man die Ursachen und die Wirkungen in dem natürlichen Dasein unterscheidet und die Gründe und Folgen in den menschlichen Handlungen, nähert man sich dem verständigen Wege, der zur Vollkommenheit führt" (Ta-Hio 3). „Der Verstand, die lichtvolle Himmelsgabe, weist auf das Ziel der Vollkommenheit hin als das höchste Gut" (1). Als die erste Aufgabe aller moralischen Bildung wird die Selbstvervollkommnung bezeichnet: „Für alle Menschen, vom höchsten bis zum niedrigsten, besteht dieselbe Pflicht, sich selber zu verbessern und zu vervollkommnen. Das ist der Anfang jeden Fortschritts und aller sittlichen Entwicklung" (6).

Dabei behält die Sittenlehre des Kong-fu-tsü stets die practische Richtung im Auge. Die individuelle Tugend erweitert sich zur Familientugend und erhebt sich zur politischen Tugend. In den Erläuterungen zu Ta-Hio, welche den Schülern des Kong-tsü zugeschrieben werden, heißt es: „Wer nicht seine eignen ungerechten Begierden zügelt, der kann auch nicht in seiner Familie Ordnung halten. Wer seine Familie nicht leiten kann, der ist unfähig, die Menschen zu leiten. Die Kunst, ein Volk gut zu regieren, setzt die Herstellung eines wohlgeordneten Haushalts voraus" (Ta-Hio Cap. 8 und 9).

Das höchste Ideal dieser Tugend ist die verständige und und sittliche Staatsleitung. Deßhalb verherrlichen alle diese Schriften vornehmlich die tugendhaften Regenten: „Vorerst übe der Fürst selber alle Tugenden aus, und dann fordere er auch deren Uebung von den Andern. Wenn er sie nicht selber besitzt, so kann er sie auch nicht von den Andern erwarten" (Cap. 9, 5). „Erwirb dir die Zuneigung des Volkes und du wirst das Reich erhalten, verliere sie und du wirst das Reich verlieren. Daher muß der Fürst wachsam sein, daß er dem Verstandes= und Moralprincip treu bleibe. Besitzt er die Tugenden, die aus diesen Principien fließen, so besitzt er das Herz der Menschen, und hat er dieses, so hat er das Land und die Macht. Das Verstandes= und das Moralprincip sind das Wesentliche. Reichthum und Macht folgen daraus als Zugaben. Indem man jene gering schätzt und voraus nach diesen trachtet, verwirrt man das Gefühl des Volks und ver= leitet es zu Raub und Diebstahl. Ungerechte Befehle rufen einen hartnäckigen Widerstand hervor und verleiten zu un= gerechten Gegenmitteln. Wer mit Gewalt und wider das Recht Reichthümer erwirbt, der wird dieselben ebenso durch Gewalt und Unrecht verlieren" (Cap. 10, 5. 9).

Die Pflicht des Staatshauptes, die Talente und Tugenden zu belohnen und zu erheben, wird aus demselben Princip begründet: „Ein rechtschaffener Minister, wenn auch von mäßigen Geistesgaben aber mit einem aufrichtigen und leiden= schaftlosen Herzen ausgestattet, ist besser als ein talentvoller Minister, der neidisch auf andere Talente ist. Jener wird die begabten Männer nicht blos mit den Lippen rühmen, er wird sie aufsuchen und in den öffentlichen Angelegenheiten verwenden. Der neidische Minister aber wird ihnen Hindernisse bereiten und ihnen keine Macht anvertrauen. Er ist eine Gefahr für das Reich und das Verderben des Landes. Einen tugendhaften und fähigen Mann kennen und ihn nicht erheben, ihn erheben

aber ihm nicht mit Ehrerbietung begegnen, das heißt ihn be-
schimpfen" (Ta-Hio 10, 13. 14). „Nur der höchst vollkommene
Mensch, welcher die Grundsätze der menschlichen Natur kennt, ist
würdig, die oberste Autorität zu üben und über Menschen zu
regieren. Wo dieser höchst vollkommene Mensch, dessen Gaben
Alles umspannen wie der Himmel und aus einer tiefen verborgenen Quelle fließen, ausgerüstet mit allen Tugenden
erscheint, da findet er Verehrung bei den Völkern. Wenn er
spricht, so glauben ihm die Völker, wenn er handelt, so freuen
sich die Völker. Der Ruf seines Namens verbreitet sich wie
ein fruchtbarer Regen über das Reich, und seine Fähigkeiten
machen ihn dem Himmel gleich" (Tschung-Yung Cap. 31).
„Die Vollkommenheit ist das Gesetz des Himmels, die Vervollkommnung, welche der himmlischen Vollkommenheit nachstrebt,
ist das Gesetz des Menschen" (Ebenda 20, 17).

Die Energie dieses großen sittlichen Princips der Vervollkommnung, welches die Entfaltung der menschlichen
Anlagen als Lebensaufgabe begreift, wird jedoch durch ein
zweites, für die chinesische Moral höchst bedeutungsvolles
Princip erheblich abgeschwächt. Dieses zweite Princip nämlich
der Mitte wird vorzugsweise in der Schrift Tschung-Yung
gelehrt, welche dem Enkel und Schüler des Kong-fu-tsü, dem
Tsü-Sse zugeschrieben wird. Die Chinesen lieben es, die
höchsten geistigen und sittlichen Principien als das Centrum,
die Mitte zu denken, welche den Bau der Welt zusammen-
hält. Sie nennen auch das Gleichgewicht der Seelenkräfte,
welches durch das Schwanken der Lust und durch den Sturm
des Zorns zerstört wird, die Mitte. Freilich ist diese Mitte
nicht eine todte Ruhe. Wenn die Bewegung der Lust und die

Erregtheit des Zornes Maß hält, so wird dadurch die Seelen=
ruhe nicht verletzt, sondern nur in dem Reichthum ihrer Har=
monie offenbar gemacht. „Die Mitte ist die Grundlage,
die Harmonie ihre Entfaltung. Wenn beide vollkommen
sind, so sind Himmel und Erde befriedigt und alle Wesen
erhalten ihre volle Entwicklung" (Tschung=Yung 3, 4. 5). Der
„rechte Weg" das ist das richtige Verhältniß; aber er wird
selten eingehalten. „Die Gescheidten überschreiten die Linie,
die Unwissenden erreichen sie nicht" (Cap. 6). „Der rechte
Weg hält sich von den Extremen fern" (Cap. 7. 8 f.). Die
ausgesprochene Verwerfung der Extreme ist sicher ein
fruchtbares politisches Princip. Aber indem Kong=tsü diese
Wahrheit verkündete, hielt er sich doch nicht frei von dem
Mißverständniß, welches die Entfaltung der höchsten Energie
als Extrem betrachtet, und die Mitte auch als Ermäßigung
der Tugend faßt. In Folge dieses Irrthums, der ohne
Zweifel den Mängeln der chinesischen Rasse entsprungen ist,
konnte auch die moralische Kraft nicht zu voller Entwicklung
gelangen. Im Gegensatze daher zu der arischen Verehrung
des Heroen= und Heldenthums weiß die chinesische Welt nichts
von Heroen oder Helden. Die überall gelehrte Mäßigung
hielt nicht nur die Ausschweifung sondern ebenso die Größe
zurück, und was als rechte Mitte gepriesen ward, das war in
Wahrheit nur die Mittelmäßigkeit. In diesem Sinne
tadelte Kong=tsü auch die tiefere, wissenschaftliche Forschung,
„welche die den Menschen verborgenen Gründe der Dinge
aufsucht, und die ungewöhnlichen Thaten, welche außer der (nor=
malen) Natur des Menschen zu liegen scheinen". (Cap. 11).
Indessen hatte doch Kong=fu=tsü selbst eine Ahnung dieses

Gebrechens, und folgende merkwürdige Aeußerung, welche von ihm überliefert wird, verräth die verborgene Genialität seines Individualgeistes: „Der rechte Weg ist für alle Handlungen der Menschen dienlich, aber er hat eine so feine und geistige Natur, daß er nicht Jedermann offenbar ist. Zwar können die unwissendsten und roheſten Leute, Weiber und Männer, die einfachen Regeln des guten Verhaltens begreifen, aber Niemand, selbst die heiligsten Menschen nicht, kann die Voll=kommenheit der Moralwissenschaft ganz erreichen; es bleibt immer noch etwas Dunkles zurück, was die edelste und geistigste Seelenkraft nicht zu bewältigen ver=mag. Die unwissenden und rohen Menschen können wohl das Gesetz des sittlichen Verhaltens erfüllen, soweit es sich in gemeiner Gewöhnlichkeit hält, aber der heiligste der Menschen wird doch die Anforderungen der Sittlichkeit nicht nach allen Seiten erfüllen können, es wird immer noch etwas Unbefrie=digtes übrig bleiben. Der Himmel und die Erde selbst sind groß ohne Zweifel und doch kann der Mensch auch in der großen Natur noch Unvollkommenheiten entdecken. Deßhalb sagt der Weise, daß die Sittlichkeit größer sei, als die ganze Welt zu fassen vermag und feiner sei, als die kleinste Theilung herstellen kann. Das sittliche Gesetz des höchsten Weisen ist zugleich in den Herzen aller Men=schen zu finden. Von diesem gemeinsamen Grunde aus erhebt es sich zu einer Offenbarung, welche den Himmel und die Erde beleuchtet" (Tschung-Yung 12).

In der inneren Reinheit des Menschengeistes erkennt also Kon=fu=tsü etwas Göttliches, was selbst über den sichtbaren Himmel und die greifbare Erde, die er als Vater und Mutter der Menschen hoch verehrt, erhaben ist. Von diesem höchsten Menschenbewußtsein aus wird ihm auch die **Menschlichkeit** als das höchste Ziel alles sittlichen Strebens der Menschen klar. In Folge dessen nimmt der chinesische Philosoph unter den ehrwürdigen Verkündern des Humanitätsprincips einen der ersten Plätze ein. So heißt es ferner im Tschung-Yung: „Ein Fürst, welcher die gute Verwaltung der alten Fürsten nachahmen will, soll seine Minister nach seiner eigenen Eingebung ernennen, die jederzeit von der Rücksicht auf das öffentliche Wohl bestimmt wird. Damit sein Wille sich stets von dieser Rücksicht leiten lasse, muß er das **große Pflichtgesetz** beobachten, das in der **Menschlichkeit** gefunden wird, die schöne Tugend des Herzens, welcher die **Liebe zu allen Menschen** entstammt. **Diese Menschlichkeit das ist der Mensch selbst.** Das Gewissen, das heißt, das Geisteslicht, welches den Unterschied zwischen gut und böse offenbar macht, die Menschlichkeit, das heißt der Zug des Herzens zur Gleichheit und Billigkeit, der sittliche Muth, das heißt die Seelenstärke, das sind die großen moralischen Universalkräfte des Menschen, welche ihn zur Erfüllung seiner Pflichten befähigen. Im Grunde sind diese drei Kräfte nur Eine Urkraft. Wer das Studium, das heißt die Geistesarbeit für die Erforschung des Pflichtgesetzes liebt, der ist bereits der Moralwissenschaft nahe gekommen; wer sich anstrengt, um jene Pflichten zu erfüllen, der ist ganz nahe jener Entwicklung, welche zum Glück der Menschheit führt und die wir Menschlichkeit heißen. Wer erröthet über die Mängel in seiner Pflichtübung, der ist nahe jener Seelenstärke, die zur Pflichterfüllung nöthig ist. Wer diese drei Dinge kennt, der kennt die Wege der Selbstvervollkommnung; wer diese kennt, der versteht auch die Mittel, andere Menschen zur Tugendübung anzuleiten. Wer diese Mittel weiß, der weiß auch die Mittel, das Reich und die Fürstenthümer zu regieren (Cap. 20).

Das chinesische Staatsideal ist also das Reich der Menschlichkeit, das von dem vollkommensten Menschen mit Beihülfe der tugendhaftesten und weisesten Männer nach moralischen Grundsätzen regiert wird. In diesem Geiste bestimmte Kong-tsü auch die neun Grundregeln für den Reichsregenten. Sie heißen: „Sich selbst vervollkommnen, die Weisen hochachten, die Eltern lieben, die Minister und obern Staatsdiener ehren, in Harmonie bleiben mit allen andern Beamten und Magistraten, das Volk lieben und behandeln wie den eigenen Sohn, die Gelehrten und Künstler an sich ziehen, die Fremden mit Zuvorkommenheit empfangen, und den großen Vasallen Huld gewähren" (Ebenda). „Nur die höchst vollkommenen Menschen erkennen von Grund aus ihre eigene Natur, das Gesetz ihres Wesens und die Pflichten, die daraus hervorgehen. Sie allein sind daher befähigt, auch den Andern ihre Pflichten zu lehren" (Ebenda Cap. 22).

In dem Buch von den philosophischen Unterhaltungen, dem Lun-Yu heißt es: „Ein Staatsmann, dessen häusliche Ruhe das Ziel seiner Gedanken ist, verdient nicht diesen Namen" (Lun-Yu bei Schott II. 2, 3). — „Die Männer der Wissenschaft bedürfen einer starken und gehobenen Seele, denn ihre Last ist schwer und ihr Weg ist weit. Die Menschheit ist die Last, welche sie zu tragen haben, ist dieselbe nicht schwer? Erst im Tode werden sie von ihr befreit: ist der Weg dahin nicht lang?" (Bei Pauthier 8, 7). „Auf die

Frage des Tsü-kung: Gibt es ein Wort, das Jeder bis an sein Lebensende mit Sicherheit befolgen kann, erwiderte der Weise: Ja, das Wort Schu, welches bedeutet: „Was du nicht von Andern erleiden magst, das thue auch den Andern nicht" (15, 23. bei Schott III. 1, 23. Vgl. Tschung-Yung 13, 3).

Die wohlthätigen Wirkungen dieser verständigen und edeln Sittenlehre auf das Gesammtleben der chinesischen Nation liegen in ihrer Geschichte offen zu Tage. Lange vor vielen begableren Nationen erreichten die Chinesen eine ausgebildete Civilisation und bewahrten dieselbe im Großen und Ganzen friedlich und unversehrt während Jahrtausenden. Die aus- gezeichnete chinesische Bodencultur, welche schon lange das Problem gelöst hat, für eine zahlreiche Bevölkerung ausgiebige Nahrung nachhaltig zu liefern, erregt die Bewunderung der europäischen Wirthe; in vielen Handwerken, Kunstfertigkeiten und Fabrikationszweigen hat die chinesische Geschicklichkeit und der chinesische Fleiß preiswürdige Leistungen hervorgebracht. Die Schulbildung ist allgemein unter den Volksmassen ver- breitet, die chinesische Wissenschaft hat für alle Zweige des Berufslebens nützliche Hülfsmittel und Lehrbücher bearbeitet, die chinesische schöne Litteratur auch für das Vergnügen der Gesellschaft und eine geistige Unterhaltung Namhaftes geleistet. Eine humane Gesittung und eine wohlwollende Menschenfreund- lichkeit sind in China von Alters her überlieferte Erbgüter. Der Staat ist geordnet, das Reich zur Einheit gelangt. Die chinesischen Kaiser sind sich ihrer civilisatorischen Mission wohl- bewußt. Der Pflug, nicht das Schwert ist das edle Symbol ihrer väterlichen Sorge.

Freilich halten sich die chinesischen Ideen nur in einer

bescheidenen Mittelregion. Sie wagen sich nicht auf die Höhe
des Menschenlebens noch in die Tiefen der Menschenforschung.
Das chinesische Streben nach Vollkommenheit hat daher bald
eine Grenze erreicht, an welcher die Vervollkomnung selbst=
gefällig Halt machte und von da auf Jahrhunderte und Jahr=
tausende hin zum Stillstand ward. Die Cultur der Chi=
nesen macht einen halb kindischen, halb ältlichen Eindruck. An
die Geisteswerke der arischen Nationen reichen die chinesischen
nicht heran. Ihre Religion ist unentwickelt und von geringer
Macht. Die Pietät gegen die Eltern und Vorfahren — auch
Himmel und Erde sind Eltern — ist die einzige lebendige
Aeußerung ihrer Gottesverehrung nach den Vorschriften der
Staatsreligion und zugleich ein Hemmniß des Fortschritts.
Der Ernst der wissenschaftlichen Forschung ist frühe ver=
schwunden, und das ungestillte Streben nach Wahrheit ward
ihnen bald verdächtig. Die Ueberlieferung der früheren Ge=
schlechter bindet die Nachkommen und fesselt ihre Freiheit. Ihr
Recht ist eher Moral als Recht. Der Gegensatz von Moral
und Rechtsbildung ist ihnen nicht klar geworden, und eben
darum ihr Recht zu flüssig und zu innerlich, unklar und unfrei.
Nur so weit die moralischen Rücksichten entscheiden, ist es gesund
und wohlthätig. Vor dem Erbübel der kriegerischen Arier,
der antiken Sclaverei, hat sie ihr sittliches und humanes Gefühl
glücklich bewahrt. Aber ihre Strafen sind theils bemüthigend,
theils grausam. Auch der Gebildete ist nicht sicher vor den
Schlägen des Bambusrohrs, und die häufige Todesstrafe wird
nur durch Selbstentleibung ermäßigt. Der ganze chinesische
Staat, trotz aller politischen Bildung, welche auf der Lehre
des Kong=fu=tsü und den Staatsschulen beruht, ist doch nicht

über die niedere Stufe der Patriarchie hinausgekommen. Der Kaiser wird als Vater verehrt, die Unterthanen werden als unmündige Kinder betrachtet und behandelt. Die Volks= kraft, die Volksehre und die Volksfreiheit können auf dieser Grundlage nicht zu menschlicher Entwicklung gelangen. Die passiven Tugenden überwiegen weit die activen. Diese Mängel und Schwächen des chinesischen Gemeinlebens mögen freilich ihre Hauptursache noch mehr in der Volksraffe und in dem Nationalcharakter als in den Ideen der chinesischen Weisen finden, und wir müssen schließlich anerkennen: Aus dem vor= handenen Volksstoffe hat die chinesische Weisheit immerhin ein civilisirtes Gemeinwesen herausgebildet, das unsere volle Achtung verdient.

Ueberschauen wir zum Schluß nochmals die vier merk=
würdigen Ideengruppen, welche die vorchristliche asiatische Welt
erleuchtet und bewegt haben, erwägen wir ihre gewaltigen
Wirkungen auf das Gemeinleben der Völker, und versuchen
wir einige allgemeine Ergebnisse aus diesen weltgeschichtlichen
Erfahrungen abzuleiten.

Die pantheistische Brahmaidee war das Werk
einer frommen, tiefsinnigen und scharf denkenden Wissenschaft
und ihre Wirkung auf das indisch=arische Leben war ungeheuer
und nachhaltig. An Geisteshoheit und an selbstloser Hingebung
an das Ewige und Göttliche hat auch später kein Priesterstand
die Brahmanen übertroffen. Aber trotzdem erwies sich diese
Religion und diese Weltansicht nur für die obersten aristo=
kratischen Stufen der Gesellschaft günstig. Die unteren Volks=
classen wurden eher niedergedrückt als emporgehoben. Der
Staat war ohne Einheit und ohne wahre Volksfreiheit. Dagegen
erbarmte sich Buddha der gedrückten und leidenden Menschheit.
Der Buddhismus erfüllte das Herz seiner Bekenner mit Liebe,
aber er löste die göttliche Kraft der lebendigen Weltseele in

das leere Nichts als das Ziel aller Dinge auf. Gottlos im Gedanken, aber wohlthätig und fromm im Gemüth spaltete er die Welt in eine Mönchsgesellschaft und eine Laienordnung. Im Princip unstaatlich und sogar staatsfeindlich, lehrte er doch die Völker, auch die despotische Staatsgewalt ruhig und gehorsam zu ertragen.

Die theistische Jahvereligion des Mose hinwieder verkündete den Einen persönlichen, von den Menschen scharf unterschiedenen lebendigen Gott und obwohl sie die Geistestiefe der arischen Denker nicht erreichte, bewahrte sie doch eine durchgreifendere religiöse und sittliche Energie. Sie war nicht eine Religion der Weisen, noch vorzugsweise der weltentsagenden Mönche, sondern die Religion des ganzen Volks geworden. Aber auf den Staat und auf das Recht wirkte ihr theokratischer Eifer entschieden ungünstig und das Volk mußte sein Glück und sogar seine Existenz der religiösen Mission zum Opfer bringen.

Die chinesische Weltansicht endlich des Kong=fu=tjü steht an religiöser Energie und an frommer Hingebung weit hinter den süd= und westasiatischen Religionen zurück. Man weiß kaum, ob sie eher pantheistisch oder theistisch sei. In philosophischer Hinsicht ist sie nur ein schätzbares Mittelgut. Aber trotzdem haben die moralische Tüchtigkeit und der eminent practische Verstand der chinesischen Lehre sich vortrefflich in dem Leben der Nation bewährt, und zwar nicht die höchste aber eine frühzeitige, nachhaltige und friedliche Civilisation zu Stande gebracht.

Aus dem Allen dürfen wir folgende Schlüsse ziehen:

1. Da die religiösen Ideen überall eine mächtige

Wirkung auf das Gemeinwohl üben, so ist der Staat, dem die Sorge für das Gemeinwohl obliegt, genöthigt, denselben seine Aufmerksamkeit zuzuwenden.

2. Die Entwicklung von Recht und Staat hält aber nicht gleichen Schritt mit der Ausbildung des religiösen Bewußtseins.

3. Die Vervollkommnung des Staats ist nicht bedingt durch die Steigerung der Energie des religiösen Lebens.

4. Eine ernste und aufrichtige Religiösität kann vom Staate wegführen und ein warmes Gottesgefühl kann den Staat verwirren. Bei geringem Eifer für religiöse Dinge ist eine wohlthätige Wirkung auf das Gemeinleben der Menschen nicht unmöglich, und sogar Gottesläugner können ruhige und gehorsame Staatsgenossen sein.

5. Die Religiösität, so wichtig für das Verhältniß der Menschen zu Gott, ist also nicht der Maßstab für die Trefflichkeit der Staaten, oder die Fähigkeit der Staatsmänner.

6. Der Staat, als die geordnete Lebensgemeinschaft des Volks darf das Gesetz seines Daseins nicht in der Religion suchen.

7. Der religiöse Charakter vieler alt-asiatischer Staaten ist nicht ein Vorzug sondern ein Gebrechen des asiatischen Gemeinlebens. Die Mischung von Religion und Recht hat sich auch in Asien eher schädlich als wohlthätig erwiesen.

8. Die Erfahrungen Asiens bereiten die scharfe Unterscheidung vor zwischen der Religion, das ist der Verbindung der Menschen mit Gott und dem Staate, das ist der Einigung der Menschen unter sich, welche später die Römer von juristisch-

politischem Boden aus und Christus in religiösem Geiste an=
gestrebt haben, und welche die moderne Welt endlich vollzieht.

9. Die Freiheit des Staates von religiöser Bestimmung
und selbst von religiösem Einfluß ist eine Grundbedingung
seiner Wohlfahrt.

———